나를 발견하는
대학 생활

나를 발견하는 대학 생활

슬기로운
당신을 위한
진로 백서

당신의 시간을
응원합니다.

글 홍기훈 · 김도경 ― 그림 김벼리

북 카라반
CARAVAN

들어가며

　대학 교직원으로서 배치받은 첫 부서 취업 진로 지원팀에서 많은 학생들을 만났다. 졸업을 앞둔 고학번 학생들은 이제 막 서른 살이었던 필자의 나이와 크게 차이나지 않아서인지 자기들 이야기와 고민을 편하게 들려주고, 나 역시 불과 몇 년 전 겪었던 비슷한 상황인지라 어렵지 않게 본인의 경험에 빗대어 답해줄 수 있었다. 그때 내담했던 학생들이 벌써 이직을 고민하는 (또 다른 고민이다) 입사 10년 차 과장급이 되었다.

　대학에서 배치받은 두 번째 부서인 경영대학 행정실에서 신입생부터 졸업 유예생까지 다양한 상황의 학생들을 마주해 학사운영을 하며 매년 반복되는 비슷한 고민을 들어왔다. 1학년은 1학년만의 고민이 있고, 4학년은 4학년만의 고민이 있다. 물론 남녀노소 불문하고 관통하는 고민도 많다. 막막함으로 표현되는 고민의 대부분은 중심을 잃은 바다 위 부표마냥 지금도 어딘가를 떠돌고 있다.

질문을 하려면 문제가 무엇인지 알아야 하는데 그조차도 정확히 말하기 어려울 때가 많다. 내가 왜 이 질문을 해야 하는지, 나의 상황과 질문의 원인이 무엇인지를 본인이 아닌 타인에게서 찾는 경우가 많다. 그리고 가만히 듣고 보면 내가 아닌 부모님과 주변 인물로 인한 질문이 더 많다. 대학에 이르기까지의 교육환경과 SNS로 대표되는 지금의 Web 2.0 시기가 고민의 무게를 더했을 것이라 생각한다. 그래서 지금에라도 중심을 찾는 시간이 더욱 절실하다.

개인적으로 '시나브로'라는 말을 참 좋아한다. 혹시 고풍스런 담뱃갑이 먼저 떠오르는 독자라면 나이를 조심스레 짐작해도 괜찮을까. '시나브로'는 '모르는 사이에 조금씩'을 뜻하는 순 우리 말이다. 슬로우 스타터인 필자는 무슨 일이든 익숙해질 때까지 초반의 예열 과정이 상당히 길기 때문에 늘 계획, 계획 또 계획하고 실행하는 편이다. 돌발 상황과 임기응변이 어울리지 않는, 시나브로 경험을 쌓고 의미를 찾는 인물이다.

부모님께 다짜고짜 출사표를 던지고 떠난 대학 유학, 중국에서 학부를 마치고 돌아와 관광·유통 기업을 거쳐 대학 교직원으로 일하기까지 슬로우 스타터이자 '파워 J형'인 필자에게 다소 어울리지 않아 보이는 선택들이 꽤 존재한다. 그러나 그 안에는 지금도 수정이 진행 중인 나만의 계획과 그 모두를 관통하는 몇 가지 키워드,

중심점이 있다.

이 책의 또 다른 저자인 홍기훈 교수는 벌써 교수라는 직업을 선택한 지 10여 년이 되었다. 공부와 교육이라는 진로를 선택한 지는 15년이 넘어버렸다. 한국에서 교수라는 직업에 이르기까지 은행, 연구원, 외국대학까지 다양한 직업을 가져보았고, 취업과 진로에 대해 그 누구보다도 많은 고민을 했다. 이러한 경험을 바탕으로 학생들에게 취업과 진로에 대한 현실적인 조언을 해주다 보니 필자의 연구실이 '취업 맛집'이라 소문이 났고, 취업과 진로에 대한 고민을 가진 수많은 학생과 면담했다

학생들이 스스로를 바라보는 시각, 대학이라는 공간을 대하는 자세, 졸업 후 나아갈 사회라는 곳에 대해 느끼는 불안감, 두려움, 분노, 무력감을 이해할 수 있었던, 답답하고 안타깝지만 소중한 시간이었다. 언제부터 대학이라는 공간이 이렇게 낭만 없는, 미래의 불확실함에 대한 두려움으로 준비에 매진해야 하는 곳이 되어버렸는지 안타깝지만 어찌하겠는가. 그것이 현실인 것을.

힘들어하는, 고민이 많은, 갈 길이 먼 학생들과 같이 공감하고, 고민하고, 다양한 사례에 대해 반복적으로 해답을 갈구하는 과정에서 학생들 보다 필자들이 인생에 대한 더 많은 공부를 한 것 같다. 내가 대학에 있을 때 이런 고민과 생각을 했으면 더 좋았을 텐데 하는 아쉬움도 든다. 그리고 우리 학생들과 이러한 필자들의 배

움을 공유할 수 있다면 학생들에게 더 많은 도움이 되지 않을까 생
각했다. 그래서 이 책을 쓰기 시작했다. 이 책은 필자들이 이 사회
에 자리 잡는 과정에서 했던 수많은 고민과 실수들, 그리고 대학에
서 일하면서 경험했던 수많은 학생이 겪은 사례들의 집대성이라고
생각한다.

거의 매번 느끼는 것이지만 학생들은 자신의 미래에 대해 많
은 걱정을 하지만 돌파구를 찾지는 않는 것 같다. 걱정을 하고 있다
는 현재 상황이 바로 내가 답을 가지고 있지 않다는 반증임에도 불
구하고, 여태 해왔던 대로, 자신의 영역 안에서 해답을 찾으려고 노
력한다. 마치 고등학생이 계속해 왔던 공부를 하여 대학에 가려는
것과 같이.

고등학교 때 대학만 가면 모든 것이 해결될 것처럼 생각하게
키워졌다. 취업만 하면 모든 것이 해결될 것처럼 착각한다. 그래서
일단 취업을 해야겠다고 이야기한다. 그런데 제대로 된 취업은 자
신의 진로를 알 때 비로소 가능해진다. 그렇지 않다면 시간을 허비
할 확률이 아주 높다.

취업하기 위해서는 자신의 진로를 정해야 하는데 일을 해본
적이 없어 진로를 알기가 어렵다. 많은 학생이 여기에서 좌절한다,
순환 논리의 오류에 빠져버리기 때문이다. 그제야 이들은 사회가
학교만큼 친절하지 않음을 처음으로 체감한다. 학생들이 학교에서

는 고객이었지만 사회에서 이들은 일꾼이기에 어찌 보면 당연한 진행이다. 많은 학생이 이러한 사실을 4학년이 되어서야 직면한다. 대응은 다양하다. 분노, 부정, 회피, 도피, 인정, 포기…….

진로에 대한 고민은 사실 삶의 방향성에 대한 고민이다. 삶의 방향성에 대한 고민의 답을 어느 정도 알게 되면 진로와 취업은 자연스레 따라온다. 그렇기 때문에 우리가 생각하기에 시작은 스스로에 대한 이해이다. 그리고 대학 생활을 잘해야 한다.

그래서 이 책에서는 자기 스스로에 대한 이해, 바람직하고 슬기로운 대학 생활, 삶의 방향성에 대한 고찰, 그리고 직업에 대한 고민이라는 네 가지 주제를 다룰 것이다. 오늘 갑자기 뭔가 엄청난 것을 하라는 것이 아니다. 시나브로 경험을 쌓는 것은 누구나 할 수 있다. 그 안에 중심이 되는 나만의 색깔 더하기를 우리가 돕고자 한다.

마지막으로 이 책이 나오기까지 도움주신 많은 분 중 특히 삽화 작업에 선뜻 응해준 김벼리 디자이너와 신선하고 다양한 인사이트를 제공해준 라이프맵스튜디오 정성훈 대표에게 감사함을 전한다.

들어가며 。 4

(2부)

슬기로운 대학 생활 I
- 미래를 위한 준비

자네, 내 연구실에
들어오지 않겠나

(3부)

슬기로운 대학 생활 II
- 팀플에서 인간관계, 대학원 진학까지

(4부)

먹고사는 현실적 문제에 대해

1부

진로 선택을 위한 디딤돌

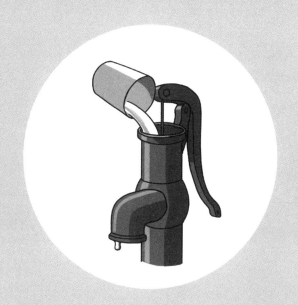

1

먼저 자기 이해부터

진로, 오늘의 선택이 쌓인 삶의 여정

결승점이라 생각했던 대학입시를 통과하니 속이 시원한 게 아니라 막막하다. 부모가 마련해준 '내비이게이션'을 따라 열심히 달려온 길 끝에 목적지라 여긴 곳이 있었는데 문을 열고 보니 또 다른 길이 나온다. 심지어 달릴 수 있는 길도 여러 갈래다. 갑자기 주저앉고 싶어진다. 정신 차리고 다시 달리려 해도 어디로 가야 할지 모르겠다. 저 멀리 앞서가고 있는 친구들은 행복해 보인다. 나만 문 앞에서 서성이고 있는 것 같다.

　이제 갓 대학에 와서 화려한 삶을 기대하는 학생들에게는 꿈 속 같은, 아니 악몽 같은 이야기일 수 있지만, 현실이다. 대학에서 진로 상담을 하다 보면 매일 수많은 학생을 만나게 된다. 그런데 자

기에 대한 확신이 없어 보인다. 모두 열심히 하루하루를 보내고 있음에도 불구하고 학생 대부분의 머리 위에는 느낌표가 아니라 물음표가 보이는 느낌을 항상 받았다. 대학을 졸업하면 취업이든, 창업이든, 프리랜서든 뭔가 경제활동이란 걸 해야 하는데 자기가 뭘 해야 할지, 뭘 잘하는지, 뭘 좋아하는지 전혀 감이 안 온다는 말부터 한다.

"경영학 전공이니 기업 인사팀에 입사하고 싶어요" 정도의 말은 그나마 윤곽은 그리고 있는 발언이다. 기업 안에서 어떤 직무를 경험하고 싶은지, 조직 안에서 계속 리더로 성장할 것인지, 어느 정도 경력을 쌓아서 자신의 사업을 꾸리고 싶은지, 은퇴는 몇 살쯤 하고 싶은지, 은퇴 후는 어떻게 보낼 것인지 등 멀리 보고 구체적인 꿈을 그리고 있는 학생은 드물다. 당장 이번 주 계획도 세우기 어려운 변화무쌍한 시대인데 몇 년 뒤의 인생 계획을 세우기란 어렵다는 사실을 이해는 한다.

교육은 백년지대계라고 하지만 우리나라 교육은 초6+중3+고3 해서 12년지계 같다. 아니다, 그마저도 정권이 바뀌면 이리저리 흩날리며 엎치락뒤치락 손바닥 뒤집듯 바뀌는 게 우리나라 교육 정책의 실정이다. 12년간 열심히 하라는 대로 따라왔더니 어느 날 갑자기 이제부터 자기 앞길은 자기가 설계해서 나아가란다. 참 막막할 수밖에 없다. 마치 몸만 커진 '어른이'가 길가에 버려진 듯하다.

어른들이 시키는 공부만 했던 정규교육 과정을 마친 지 얼마 되지 않은 학생들에게 진로라는 것이 무엇일까라는 근본적인 고민은 당연하게도 아주 낯설다. 그러니 막연히 앞으로 무엇을 해야 할까를 걱정하는 것이 진로에 대한 고민이라고 여기고 무엇을 해야 할까에 초점을 맞춰 고민한다. 그래서 면담을 오는 학생들이 이구동성으로 털어놓는 가장 큰 고민은 '제가 무엇을 해야할지 잘 모르겠어요'이다.

이것은 출발점부터 잘못되었다고 생각한다. 앞으로 무엇을 해야 할까 하는 이들의 고민은 왜 이것을 고민하고 있는가에 대한 고민으로부터 출발해야 한다. 그런데 학생들은 이런 사실을 누구에게서도 배운 적이 없다. 그러다 보니 이들이 진로 고민의 근원까지 사고의 영역을 넓히는 것은 쉽지 않다. 현실적이지도 구체적이지도 않기 때문이다. 무엇을 할지 고민하는 것도 버거운데 무엇을 할지에 대한 고민을 왜 하고 있는지를 따져보라는 이야기는 말장난 같다는 생각이 들 수 있기도 하다.

그러나 모든 고민에는 원인이 있다. 그리고 그 원인에 따라 해결책이 달라진다는 것은 상식적으로나 경험적으로 납득이 갈 것이다. 그렇기 때문에 진로에 대한 고민은 우선 진로가 무엇인지에 대한 고민에부터 시작되어야 한다.

"삶은 B(Birth·출생)와 D(Death·죽음) 사이의 C(Choice·선택)이다"라는 말이 있다. 우리가 살면서 내리는 수많은 결정은 단기적으로 보면 문제를 해결하는 과정에 있어 많은 조사와 진지한 고민 끝에 내리는 마무리 단계에 해당할지 모르나 장기적으로 보면 이 결정 하나하나가 모여 삶의 목적에 다다르는 여정 중의 한 과정으로 볼 수 있다. 오늘, 지금 나의 선택이 모여 또 다른 길을 열어가는 것이 인생이고 진로進路, 즉 나아갈 길이 되는 것이다.

초·중·고생에게는 매일의 학교 수업이, 공부와 실기가, 교우 관계를 꾸려나가는 그 자체가 진로이며, 대학생에게는 강의와 과제, 동아리, 구직과 취업 활동, 심지어 연애도 진로의 일부라고 할 수 있다. 중요한 것은 나아갈 길 마디마디에는 자기가 가고자 하는 길이 맞는지 이정표가 있어야 할 것이고, 결국 닿고자 하는 곳이 어디인지 알아야 한다는 것이다. 이 길이 맞는지는 오로지 자기만 알고 자기만 확인할 수 있으며, 목적지 역시 자기만이 알 수 있는 곳이다.

중요한 점은 바로 본인만이 자기 삶이라는 여정의 끝을 생각하고 결정할 수 있다는 것이다. 부모, 형제, 친구, 선후배, 멘토와 같은 수많은 사람의 도움을 얻지만 결국 자신이 가고자 하는 목적지를 결정하는 것도 그리고 그 과정인 진로를 계획하고 결정하는 것도 오롯이 자신의 몫이라는 점을 온전히 받아들일 수 있고 나서야 비로소 진로를 고민할 준비가 되어있는 것이다.

너 T야? 먼저 자신부터 알아야 한다

나를 모르겠다는 여러분의 고민처럼 자기를 알고 싶어하는 사람의 마음은 세대를 이어 별자리와 혈액형을 거쳐 MBTI까지 왔다. "너 T야?"라는 한마디 말로 상대방의 무심함을 핀잔하는 요즘 우리는 여전히 '나'에 대한 갈증이 남아 있지만 누구도 그 갈증을 풀 명확한 방법을 제시하지는 못한다. 우리가 혈액형 웹툰을 보며 또는 MBTI 유형에 대한 설명들을 보며 '어 이거 맞아!', '이거 나야. ㅋㅋㅋㅋ', '진짜 정확하네!'라고 감탄하고 즐거워하고 열광하는 이유도 바로 이런 것들이 나라는 사람을 알고 싶다는 갈증을 단편적으로나마 해소해 준다는 느낌을 받기 때문일 것이다. 본인에게도 '나'라는 사람에 대한 이야기는 정말 재미있다.

사실 별자리, 혈액형, MBTI 등 사람을 이해하는 데 쓰이는 대중적이고 고전적 방법들은 일종의 '바넘 효과 또는 포러 효과'♦에 기댄 것이라 할 수 있다.

심리학 교수 버트럼 R. 포러Bertram R. Forer는 1940년대 말 학생들을 대상으로 성격 테스트를 진행하고 결과지를 나눠주며 성격 진단이 얼마나 맞는지 스스로 평가하도록 했다. 학생 대부분은 자신의 성격과 잘 맞는다고 평가했지만 사실 모든 학생에게 '나는 자기비판적이다', '당신은 타인에게 존경받길 원한다' 같은 보편적으로 통하는 동일한 내용을 나눠 줬던 것이다. 진짜 '나'에 대해서 본인도 참 알기 어렵다는 사실을 보여주는 실험결과이다.

눈앞의 나조차 명확히 파악되지 않는데 눈에 보이지 않는 진로는 더욱 모호하기 짝이 없다. 그렇다고 자기가 진학하고 싶은 학과나 종사하고 싶은 직종을 유튜브나 인스타그램에서 콕 집어 알려줄 리 없다. 그러니 나 자신에 대해 시간을 가지고 진지하게 돌아

♦ 바넘 효과(포러 효과) : 보편적으로 적용되는 성격 특성을 자신의 성격과 일치한다고 믿으려는 현상. 이 효과와 관련된 실험을 실시한 미국의 심리학자 포러(Bertram Forer)의 이름을 따서 '포러 효과(Forer effect)'라고도 한다.

볼 법도 한데, 우리가 보아 온 대부분의 청년은 아이러니하게도 스스로에 대해 곰곰히 들여다본 사람이 결코 많지 않았다.

자기가 어디로 가는지 알고자 하는 첫 단계는 바로 '나'라는 사람에 대해 아는 것이다. 그나마 다행인 것은 '나'에 대해 이야기하는 것이 요즘 들어 많이 자연스러워졌다는 것이다. 과거 부모님과 그 이전의 세대는 잘 먹고, 잘 사는 것 즉 매슬로의 동기 이론에 비추었을 때 1단계(생리적 욕구) 또는 2단계(안전의 욕구)에 머물렀다면, 요즘의 10대, 20대는 이를 뛰어넘어 소속감, 인정과 자아실현으로의 갈증에 대한 표현이 더욱 다양해졌다.

인간의 욕구는 결핍과 비슷해서 우리는 결핍이 줄어들면 행복감을 느끼는 회로를 가지고 있다. 생존을 넘어 사랑과 인정을 받고 자유로우며 즐겁고 싶다면 나의 어떤 결핍이 줄어들었을 때 행복한지 들여다볼 필요가 있다. 나를 알고자 하는 목표가 있다면 내가 하고 싶은 것, 내가 잘하는 것, 내가 좋아하는 것, 내가 행복해지는 방법 등 자기에 대해 글로 써보자. 글로 적어본 것과 아닌 것은 매우 차이가 있다. 단순한 과제가 아니라 진심을 담아 개요를 짜고, 어떻게 나를 연구할지 방법을 고민하고, 시도하고, 결론을 도출하고 피드백하는 과정을 통해 나에 대한 성찰이 이뤄질 수 있다.

개인으로서의 나를 이해하는 방법

결국 우리가 독자들에게 전달하고 싶은 핵심 메시지는 자기를 알아야 자기의 미래가 그려진다는 것이다. 그렇다면 나 스스로를 어떻게 이해할 수 있을까? 그리고 나를 이해한다는 것은 어떤 의미일까? 이것이 바로 이번 장의 핵심 메시지이다.

먼저 '나'라는 사람에 대해 생각해보자. 나는 생각하는 생명체이자, 사회의 구성원이다. 즉 나는 '개인적인 나'와 '사회적인 나'로 이루어져 있다. 그러므로 나를 이해하기 위해서는 개인적인 측면에서의 나와 사회적인 측면에서의 나를 두루 살펴야 한다.

먼저 개인으로서의 나는 자아, 성격, 존재 이유와 같은 다양한 사유적 요인들로 이루어져 있다. 그러므로 개인으로서의 나를 이해한다는 것은 이러한 사유적 요인들을 인식하는 것이며 그 목적은 자책하고 스스로를 비난하려는 것이 아니라 자신을 구성하고 있는 요인들을 인정하기 위한 것임을 알아야 한다. 그러므로 개인으로서의 나를 이해하는 과정 끝에는 자신에 대해 이미 알고 있는 점들을 확인하고 의미를 찾거나, 이전에는 몰랐던 나 자신의 새로운 특성들을 알게 되는 소득이 있다.

개인적인 나를 이해하는 데 있어 가장 중요한 것은 솔직함이다. 자신을 평가할 때는 자신을 불편하게 만드는 점들에 주의를 기울여야 한다. 왜냐하면 불편한 감정을 느끼는 것은 무언가를 피하고 싶어 하는 마음 탓일 수도 있기 때문이다. 스스로에게 솔직할 준비가 되었다면 이제 진지한 질문들을 던져볼 차례이다. '난 무엇을 좋아하나?', '나는 이 세상에 어떤 사람으로 남고 싶은가?', '내 단점은 무엇일까?', '내 장점은 무엇일까?', '나의 가장 친한 친구는 누구이며 왜 가장 친한 친구라고 느끼는 걸까?', '다른 사람들이 나를 어떤 사람으로 생각해 주었으면 좋을까?', '나의 롤 모델은 누구인가?', '내가 인생에서 저지른 최악의 실수 다섯 건은?', '내가 인생에서 가장 잘한 일 다섯 가지는?' 등 정말 수많은 질문이 있을 수 있다.

이러한 질문들을 던질 때 중요한 것은 질문이 꼬리에 꼬리를 물고 자기가 불편한 방향으로 진행되어야 한다는 것이다. 예를 들어 질문: 난 무엇을 좋아하나? → 대답: 집에서 뒹굴대는 것 → 후속 질문: 왜 나는 집에서 뒹굴대는 것을 좋아하나? → 대답: 몸이 편하기 때문에 → 후속 질문: 집에서 뒹굴거리면 내 마음은 불편하지 않은가? → 대답: 맞다. 마음은 불편하다 → 후속 질문: 그렇다면 나는 마음이 불편한 것보다 몸이 편한 것을 더 좋아하는가? → 대답: ….
다시 한번 강조하지만, 이러한 꼬리에 꼬리를 무는 질문들은 아주 불편할 수 있다. 그러므로 솔직히 답할 준비가 되어야 한다.

이러한 질문들에 성공적으로 답하면서 얻는 정보는 나에게 기뺨을 주는 것과 스트레스를 주는 것이 무엇인지를 정확하게 인지하는 데 도움이 될 수 있다. 나아가 생산적인 목표와 활동에 더 많은 시간과 노력을 기울일 수 있도록 도와줄 수도 있다.

개인으로서의 나를 이해하는 또 다른 방법은 나의 내면의 목소리를 들으려 노력하는 것이다. 자신의 느낌, 감정, 신념 등은 일반적으로 내면의 목소리를 통해서 나타나게 된다. 그렇기 때문에 어떤 행위 또는 무엇인가가 나를 기쁘게 또는 좌절하게 만들 때는 그러한 행위나 현상에 관심을 기울이고 반응할 필요가 있다. 내면의 목소리에 귀를 기울인다는 것은 바로 일상에서 나에게 영향을 주는 일들에 대해 나 스스로가 어떻게 반응하는지를 관찰하는 것이다. 즉, 매일 매일을 살아가면서 나에게 집중하라는 의미이다. 내면의 목소리를 들으라는 말이 거창해 보일 수 있지만 사실은 이렇게 단순하고 간단한 것이다!

내면의 목소리를 듣는 하나의 방법은 어떤 현상을 마주했을 때, 어떤 행동을 했을 때, 바로 그때 또는 이후에 그 상황을 곱씹어보며 어떤 생각이 떠올랐고 어떤 감정을 느꼈는지 그리고 내가 내 주변 세계를 어떤 식으로 인지하고 있었는지를 다시 복기해보는 것이다. 또 다른 방법은 거울 앞에 서서 자신의 모습과 행동을 관찰하며 나 자신, 그리고 나의 행동에 대한 느낌이 어떤지를 느껴보는 것도 있다.

자신에 대한 느낌이 긍정적인가? 부정적인가? 나의 외모 또는 행동에 초점이 맞춰져 있는가? 성공이나 실패에 관한 이야기를 하고 있나? 이미 일어난 일을 먼저 생각하는가? 아니면 앞으로 일어날 일을 먼저 생각하는가? 여러 가지 측면에서 본인의 느낌을 느껴보는 과정을 거치며 왜 자신이 그런 식으로 반응하였는지 질문을 던져봐야 한다.

중요한 것은 이러한 과정의 목적이 자신을 비난하거나 수치심을 느끼게 만드는 자기비판이 아니라는 것이다. 이 점을 충분히 이해하고 있음에도 불구하고 부정적인 느낌이 지나치게 들 때는 원하지 않는 생각으로부터 스스로를 방어하기 위해 노력하고 있다는 의미일 수도 있다. 이러한 과정을 통해 바라본 모습이 자신이 원하는 모습과 일치하지 않는다면 그 차이를 인식하고 자기가 원하는 긍정적인 방향으로 나아가는 데 무엇이 필요한지 고민할 수 있게 된다.

개인으로서의 '나'를 이해하는 또 다른 방법은 일기를 쓰는 것이다. 일기를 쓰는 것은 나를 기록하는 것이다. 그리고 나에게 동기를 부여하는 행위이다. 일기는 나의 감정, 믿음, 시각, 철학 등을 파악하여 나를 이해하는 데 큰 도움을 줄 수 있고 내 인생에 아주 의미 있는 긍정적인 변화를 가져올 수 있다. 매일 짧은 시간을 내어 내가 오늘 했던 생각과 행동 그리고 느낀 점을 간략히 적어보자.

좋지 않은 경험을 했다면 그 경험이 나에게 어떻게 영향을 주었는지를 적는 것이 좋다. 실수를 했을 때는 무엇이 문제라고 생각하는지 그리고 어떻게 개선할 것인지를 간략하게 메모하는 것도 추천한다.

일정 기간 일기를 썼다면 이제 일기에 나타나는 패턴을 찾아야 한다. 시간이 흐름에 따라 내가 느끼는 감정, 내가 하는 행동, 내가 마주하는 상황, 나를 괴롭히는 것들, 내가 피하고 싶은 것들, 내가 좋아하는 것들 등 반복되는 것들이 있다는 것을 알 수 있을 것이다. 이것이 일기 쓰기를 통해 스스로를 더 잘 이해하게 되는 효과이다.

사회 구성원으로서의 나를 이해하는 방법

'나'는 사회의 구성원이다. 사회가 나에게 기대하는 역할, 그리고 내가 사회에서 하고자 하는 역할이 있다. 이는 내가 다른 사회 구성원들을 인식하고 대하는 자세, 그리고 내가 다른 구성원들에게 인식되고 받아들여지는 방식을 결정한다. 그러므로 사회 구성원으로서의 나는, '나'라는 존재에 있어 아주 큰 부분을 차지한다. 그렇다, 인간은 사회적 동물이다. 그러므로 사회 속에서 나를 이해하는 것은 아주 중요하다.

먼저 내가 사회에서 맡은 역할을 나열해보는 것이 큰 도움이 될 수 있다. 모든 사회 구성원들은 인간관계, 일과 행동에 대한 책임 등에 따라서 각자의 삶에서 다양한 역할을 동시에 수행하는 경우가 많다. 그럼에도 불구하고 이러한 역할들을 포괄적으로 그리고 구체적으로 나열하고 각 역할 사이의 관계와 제약조건을 이해하려는 노력을 기울이는 사람들은 많지 않다. 이런 맥락에서 내가 이 사회에서 맡고 있는 역할들을 적은 목록을 만들어 보는 것은 이미 알고 있었지만 알지 못했던 이 사회에서의 나를 이해하는 데 도움이 될 수 있다.

나의 사회적 역할은 다양하다. 가족 안에서는 자식, 학교에서는 학생, 다른 친구들에게는 친구, 조별과제에서는 팀 리더, 아주 가까운 친구에게는 정서적 지원을 해주는 도우미, 사촌 동생에게는 멘토, 고등학생에게는 과외선생님, 내 블로그에서는 작가, 아르바이트하는 편의점에서는 판매원……. 이 사회에서 내가 속한 집단과 내 주변 사람들에게 내가 어떤 역할을 하고 있는지 정리해보면 그동안 간과했던 나의 정체성을 다시 생각해 볼 수 있다. 또한 이러한 관계 안에서의 나의 역할들이 서로 시너지를 일으킬 수도 있고 서로 상충될 수도 있는데, 이런 시너지와 갈등 또한 한눈에 정리하고 생각해 볼 수 있다.

사회 구성원으로서의 나를 이해하는 또 다른 방법은 VITALS

를 작성하는 것이다. VITALS는 가치관Values, 관심사Interests, 성품Temperament, 활동Activities, 인생 목표Life goals, 장점Strengths을 의미한다. 각각의 VITALS 항목에 대한 질문은 이런 것들이다.

가 치 관 : 나에게 중요한 것은 무엇일까? 나는 다른 사람들의 어떤 점을 중요하게 여기는가? 목표를 향해 나아가는 데 나에게 필요한 동기는 무엇일까? 나는 나의 어떤 점을 중요하게 여기는가?

관 심 사 : 나는 무엇에 호기심을 느낄까? 나의 마음을 사로잡는 것은 무엇일까? 나만의 자유시간에 나는 무엇을 하는 것을 가장 좋아하고 즐기는가?

성   품 : 나의 성격을 한 문단 정도로 또는 5~10단어 정도로 설명해보자.

활   동 : 내가 일상에서 시간을 보내는데 하는 활동이 무엇인가? 매일 하는 일 중에서 내가 가장 하고 싶어하는 것은 무엇이고 가장 하기 싫은 일은 무엇인가? 내 습관이나 의식을 생각해보자.

인생 목표 : 내가 겪었던 가장 중요한 일은 무엇인가? 왜 그 일이 가장 중요하다고 생각하는가? 1년, 3년, 5년, 10년 후 나는 어떤 모습일까? 그리고 어떤 모습이고 싶은가?

장　　점 : 나의 능력, 기술, 재능은 무엇인가? 내가 정말 잘하는 것
　　　　은 무엇인가?[1]

　　사회 구성원으로서의 나를 이해하는 방법 중 껄끄러우면서도 효과적인 방법은 나에 대한 다른 사람들의 견해를 들어보는 것이다. 다른 사람들이 말하는 대로 자신을 규정하는 것은 바람직하지 않은 효과를 가져올 수도 있지만 스스로 깨닫지 못한 점들을 이해하는 데 큰 도움이 될 수 있기 때문이다. 우선 내가 가장 가깝다고 느끼는 지인들에게 나의 특징에 대해 물어보자. 또한 가족, 친구, 동료, 멘토 등 여러 부류의 지인들에게 그들이 느끼는 나의 성격에 대해 물어보는 것도 좋은 방법이다. 당연히 내가 그들의 의견에 동의할 필요는 없다. 그들의 견해가 나라는 사람들 규정하지도 않을 뿐더러 꼭 옳지 않을 수도 있기 때문이다. 또한 많은 이들이 나에 대해 긍정적인 평가를 할 수도 있다. 중요한 것은 나의 주변 사람들이 바라보는 나를 이해하는 과정에서 내가 나 스스로에 대한 이해를 넓힐 수 있다는 것이다.

2

내가 뭘 잘하는지 모르겠어요

실패나 방황도 자산이 될 수 있다

어릴 적 여름방학만 되면 시골 할머니 댁에 한 달씩 머무르곤 했다. 할머니 댁은 아주 오래된 한옥을 이리저리 현대식으로 고친 퓨전식 주택으로 마당 구석에 오래된 재래식 수도가 있었다. 요즘은 거의 볼 수 없는 펌프로 지하수를 끌어올려 쓰는 방식이었는데 옆에는 항상 고무대야에 물이 담겨 있어 물을 쓰려면 한 바가지 가득 물떠 펌프에 부은 후 펌프질을 해야 물이 나오곤 했다. 그 물 한 바가지가 바로 '마중물'이다. 펌프로 물을 쓰려면 마중물을 부어야 하듯, 우리 삶도 무언가를 얻으려면 무언가를 넣어야 한다.

진로를 모색할 때 가장 먼저 해야 할 것은 삶은 항상 불확실하다는 것을 인정하는 것이다. 불투명한 미래에서 나와 내 주변의 안정감을 찾고자 하는 노력은 계속되어야 할 것이며 그것은 내 안에서 나오는 힘에서 시작된다. '내'가 '무엇'을 하고 싶은지 명확하지 않은 상태에서 진로를 선택하면 다수가 선택하는 길을 그저 따르게 되기 쉬운데, 이는 실패 가능성을 줄이고자 하는 일종의 회피성 선택이라고 할 수 있다.

종이를 꺼내 나의 어제 하루를 나열해보자. 시간대별로 세세히 기억이 나지 않더라도 밥 먹고 화장실 가고 잠자는 생리적인 시간 빼고 큰 이벤트를 나열해봤을 때 무엇을 하며 하루를 보냈는지 명확히 생각나는가? 한 우물만 파라는 속담을 현대식으로 바꿔 말하면 우물을 파려면 물길도 따라가 보고, 여기저기 파보기도 해야 우물을 팔 수 있다고 하겠다. 인풋Input이 없는데 아웃풋(Output)이

어디서 나오겠는가.

국내에서 손꼽히는 명문 카이스트에는 2021년 설립된 '실패 연구소'가 있다. 최고의 성공은 과감한 도전에 의해서만 이룰 수 있고, 과감한 도전은 실패에 대한 두려움이 없을 때에만 가능하다는 모토로 설립된 이 연구소는 단기적으로 세미나, 워크숍 등을 개최하고, 연구보고서 등을 발간하며, 실패한 시도들을 좀 더 관대하게 바라볼 수 있어야 한다는 의미 있는 메시지를 우리 사회에 전달하려고 한다. 당장 인생의, 학업의, 생활의 큰 목표가 없다면 이번 주, 이번 달, 올해 목표를 세워보고 실행해 보자. 큰 돈, 긴 시간의 투자와 실패뿐만 아니라 짧은 기간의 작은 성공도 좋고, 또 실패도 좋다. 실패는 왜 실패했는지 성찰하는 기회를 갖게 해줄 것이고, 작은 성공은 루틴이 되어 데일 카네기의 말처럼 어떤 목표도 이룰 수 있다는 자신감으로 돌아올 것이다.

잘하는 건 타고나는 건가

유난히 타고난 능력이 뛰어나 보이는 사람들이 있다. 물리학자 아인슈타인, 음악 신동 모차르트, 피겨 요정 김연아 같은 천재들을 보면 나는 왜 타고난 재능이 없지 하는 생각이 들곤 한다. 그렇다고 원망할 일은 아니다. 세상에 천재라고 불릴 만한 사람이 몇이나 될까. 그리고 그들이라고 모든 방면에서 재능을 발휘할까.

인간의 재능은 하나만 타고나는 것이 아니라, 여러 가지 요인들로 구성되고 어떻게 결합하느냐에 따라 다양한 형태로 나타난다고 할 수 있다. 하버드대학교 교수인 하워드 가드너Howard Gardner가 1983년에 소개한 다중지능♦ 개념을 보면, 인간의 지적 능력은 서로 독립적이고 상이한 여러 유형의 능력(언어, 논리-수학, 음악, 시각-공간, 신체 운동, 대인관계, 자기 성찰 및 자연탐구)으로 구성되어 있으며, 상-하위능력이 서로 유기적으로 작용한다고 한다.

사람이라면 누구나 이 다양한 능력을 타고나고, 그중 도드라지는 한두 개 능력이 다른 능력들을 이끌어 본인만의 개성을 나타낼 것이다. 작가가 본인의 작품 포트폴리오를 준비하듯 우리는 저마다 자신의 다중지능 프로파일을 작성해볼 수 있다. 8개의 지능 유 중 한두 개가 다른 것에 비해 유달리 높은 사람들이 아마도 대중적인 천재형 인물이 될 가능성이 클 것이다. 음악 능력이 출중한 사람은 음악가로, 운동 능력이 뛰어난 사람이 운동선수로 성장할 가

♦   하워드 가드너의 다중지능이론: 지능은 단일하지 않고 다양한 영역으로 구성되어 있으며, 사회문화적 환경과의 상호작용을 통해 발달한다고 보는 이론. 하워드 가드너(Howard Gardne)의 1983년 저서 《마음의 틀(Frames of Mind: The Theory of Multiple Intelligence)》에서 소개되었다.

능성이 클 것은 명백하다. 다만, 그 능력 하나만으로 본인의 분야에서 우수한 성과를 거두었다기 보다는 반복적인 노력을 통해 자기성찰 하는 능력, 관객과 소통하는 대인관계 능력 등 하위 능력을 아울러 발전시켰다고 봐야 한다.

한두 개 유형이 도드라지는 '레이저형 프로파일'과 다르게 '서치라이트형 프로파일'이 여러분들에게 더 유용할 것이다. 진로 고민이 많은 여러분은 능력의 종류 중 3개 이상의 지능이 골고루 높게 나올 가능성이 큰데 이런 경우 그 능력들을 잘 조합시키는 지혜가 필요하다. 굳이 모든 능력을 다 갖출 필요도 없다.

타고난 능력보다 더 중요한 것은 꾸준함이다. 머리말에서 밝혔듯 필자는 '시나브로'라는 우리말 표현을 참 좋아한다. 내가 지금 잘하는 것을 더 잘하고 싶을 때, 혹은 새로운 영역에 도전해 성과를 이루고 싶을 때는 목표를 설정한 지금의 마음을 매일 조금씩 행동으로 옮겨보는 것이 중요하다. 특히 외국어, 악기, 운동을 배울 때는 며칠 동안 몰아서 연습하고는 놓아버리는 것보다 매일 30분이라도 조금씩 꾸준히 하는 것이 효과적이다. 김연아 선수도 인터뷰하지 않았는가, "무슨 생각을 해, 그냥 하는 거지"라고.

3

잘하는 걸 직업으로 삼고 싶어요

모두를 초록에 진심으로 만드는 사람

여기 4월 5일 식목일 단 하루만 신규 회원을 받는 커뮤니티가 있다. '모두가 초록에 진심', 줄여서 '모초진'이라 불리는 네이버 카페인데 개설자의 이력이 화려하다. ○○대학 졸업, △△ 대기업 입사 이런 이력이 아니라 무슨 식물이든 키워내고, 살려내는 게 마법사 같다고 해서 '프로개'라는 본인의 닉네임이 아닌 '드루이드(마법사)'라고 불린다.[2]

그는 열대과일인 파인애플을 집안에 심어 잎이 머리카락처럼 무성해질 정도로 키우고, 먹다 남은 망고, 아보카도, 망고스틴, 레몬 씨를 심어 화분 가득 길러낸다. 가드닝에 대한 논문이나 연구 자료를 뒤져도 정확한 데이터를 찾을 수 없고 시중의 저서나, 사람마다 모두 다른 말을 하고 있다는 것을 깨달았을 때 '직접 데이터를 확보해볼까'하는 생각을 하고는 총 438일간 4,912개의 화분을 가지고 얻은 데이터를 바탕으로 책을 집필하기 위한 프로젝트 펀딩까지 진행했다. 책을 저술하기 위한 데이터를 얻기 위해 땅이 필요하자 이젠 폐교를 빌려 '폐교 생활백서'라는 글도 올려 또 다른 책으로 엮어냈다. 정작 '프로개' 본인은 농업 관련 전공자나 종사자가 아니라 평범한 영상 전공자라고 한다.

종종 학생들에게 잘하는 것과 좋아하는 것 중 어떤 걸 직업으로 삼아야 하는지란 질문을 받으면 '프로개'를 먼저 떠올리곤 한다. 정말 좋아하는 것이라면, 잘할 수밖에 없지 않을까라고 심플한 답을 내놓지만 사실 그게 쉽지 않은 일이라는 것은 잘 안다. 일단 본인이 좋아하는 것, 잘하는 것을 알고 있다면 자신에 대한 가장 중요한 정보를 파악한 것이니 그것만으로도 대단하다 말하고 싶다.

앞에서 강조했듯이 진로를 정하고자 할 때 '자기 이해'는 가장 중요한 첫 관문이다. 나의 흥미, 적성, 능력, 성격, 가치관 등등 '나'라는 사람의 해시태그 파악이 필요하다. 흥미는 내가 좋아하고 즐기는 활동이 될 것이고, 적성과 재능은 내가 남들보다 잘하는 무언가일 것이다. 아직 흥미와 적성 파악이 어렵다면 우선 관찰부터 시작하자.

나의 휴대전화 메신저 앱을 켜고 가장 많이 대화한 사람과 어떤 이야기를 나눴는지, SNS에 좋아요를 누르거나 저장해둔 피드는 무엇인지, 다이어리를 쓴다면 반복된 단어나 내용이 있는지 등 기본적인 파악부터, 지금 가방에 들어있는 소지품을 꺼내 늘어놔 보고, 도서관에 즐겨간다면 어떤 책을 읽어왔는지, 시간이나 돈이 생겼을 때 주로 무엇을 하는지 등의 자기 관찰이 그것이다. 필자가 경험한 바로는 자기 관찰 시도조차 하지 않은 학생이 놀라울 정도로 많다.

자기 안에서 자기를 바라봤다면, 밖에서 자신을 바라본 타인의 관점도 필요하다. 앞서 언급한 '바넘 효과'를 최소화하기 위해서

라도 친구, 선생님, 가족과 '나'에 대한 대화를 한 번씩만이라도 나눠보자. 오글거려도 나라는 사람을 인터뷰하는 기자가 되어 인터뷰 내용을 준비하고 질문해보자. 대면 면담도 괜찮고 메신저나 이메일로도 괜찮다.

타인의 관점이 생각보다 유용하다는 사실을 직접 체감한 경험이 있다. 내가 모 기업 마케팅 부문의 신입사원 채용에 지원했을 때 면접에서 겪은 일이다. 인사 담당자는 이력서를 바탕으로 나와 몇 마디만 나눈 후 단번에 내가 마케팅보다 영업관리나 인사에 어울릴 것 같다고 짚어냈다. 그 당시에는 '이 회사는 마케팅으로 유명하니까 마케팅 아니면 안 돼!'하는 마음으로 거절했는데 지금 되돌아 생각하니 당시 그 담당자는 나도 몰랐던 나의 강점을 오히려 더 잘 파악했던 것 같다. 이처럼 자기가 원하는 자기 모습이 마치 지금 자기 모습인 것처럼 투영되어 객관적으로 자신을 관찰하기 어려울 수 있으니 타인의 관찰과 피드백은 자기 이해에 있어 필수 과정이다.

사실 직업으로서는 좋아하기만 해서는 곤란하다. 많든 적든 경제적인 보상이 따라오는 것이 직업인데, 프로로서 그 일을 잘하지 못하면 내 고용주든, 내가 만든 물건을 구매하는 소비자든 만족시킬 수 없을 것이 분명하다. 사실 좋아하는 것이 거창할 필요도 없고, 잘하는 것이 월드 클래스가 아니어도 된다. 예를 들어 자동차를 좋아하는 아이라면 초등학교 시절 미니카 경주 대회에 나갈 수도 있고, 모터 스튜디오에도 수시로 갔을 수 있다. 자기 흥미가 자동차 메커니즘이라면 기계공학과에 진학할 수도 있다. 정비, 제조가 아니라 자동차 디자인이 흥미롭고 미술에 재능이 있다면 산업디자인학과에 진학했을 수도 있겠다. 자동차와 관련된 직업만 해도 자동차 조립, 정비, 부품 조립, 판금, 판금기 조작, 안전 검사, 영업사원, 공학 기술자, 연구원, 보험보상 사무원, 손해사정사, 제품디자이너 등 생각보다 다양하다. 나의 선호에 재능을 더해 직업을 선택할 수 있다. 여러 업종 중 내가 잘할 수 있는 것이 무엇인가 파악하고 여기에 다시 시간을 더해 단련해야 하는 것이다.

좋아하고 잘하는 것을 찾으려면 앞서 언급한 나의 다중지능을 포함한 심리, 적성 등을 확인할 수 있는 각종 검사를 해보는 것도 도움이 된다. 고용노동부와 한국고용정보원이 운영하는 워크넷이나 교내 학생 상담센터에서 대면 또는 비대면으로 심리, 직업 심리, 성격, 기질, 인·적성, 지능 등 다양한 무료 검사가 가능하다. 또한 흥미, 적성, 재능, 소질 등의 자기 이해를 위해서는 무엇보다 계속해서 강조해 온 다양한 경험이 정말 중요하다.

현장의 운영에 따라 차이가 있겠지만 초등학교의 '창체'(창의체험) 시간이나 중학교의 자유학기제가 교육과정에 있어서 경험의 중요성을 반영하고 있다. 대학생은 성인으로서 자율성을 가지고 나만의 창체 활동과 자유학기를 스스로 꾸려나가야 한다. 안으로는 나를 알고 밖으로는 나의 세상을 확장하려면 많이 읽고 많이 보고 듣고 느껴야 한다. 그리고 좋아하는 것을 찾았다면 거기에 반드시 시간과 노력을 더해야 한다. 흔히들 말하는 '일만 시간의 법칙'은 좋아하면 잘하게 된다는 의미를 담은 것이다. 미국의 자기계발서 작가 제임스 클리어도 본인의 저서 『아주 작은 습관의 힘』에서 100번만 같은 일을 하면 그게 당신의 강력한 무기가 된다고 했다.

취미와 일은 다르고, 달라야 한다

자신이 가장 좋아하는 일을 직업으로 하면 행복할 수 있다는 이야기를 종종 듣는다. 또 좋아하는 일을 하다 보니 성공해 있더라는 말 또한 종종 듣는다. 그러다 보니 많은 학생이 자신이 좋아하는 일을 직업으로 삼으면 성공할 수 있지 않을까 또는 자신이 좋아하는 일이 커리어와 진로의 등대가 되어주지 않을까 생각하는 경우를 본다. 예를 들어 글 쓰는 걸 좋아하니 작가를 하겠다든가, 뭔가를 만드는 걸 좋아하니 공방을 차리겠다든가, 방송을 좋아하니까 PD 또는 유튜버가 되겠다, 피아노 치는 것이 즐거우니 피아니스트가 되겠다 하는 것들이다. 이런 학생들을 보면 항상 이야기한다. 돈을 쓰면서 하는 것과 돈을 위해 그 일을 하는 것은 완전히 다르다고.

많은 사람이 좋아하는 일을 직업으로 선택하려는 이유를 생각해보자. 좋아하는 일은 열심히 할 수 있고 열심히 하면 성공할 수 있기 때문에, 좋아하는 일은 많이 해도 즐거울 수 있기 때문에, 좋아하는 일을 통해 성과를 해 봤기 때문에, 좋아하는 일을 할 때 주변에서 칭찬을 많이 해 줘서 등이 있을 것이다. 간단하게 말해서 좋아하는 일은 많이 열심히 잘할 수 있기 때문에 직업으로 삼았을 때도 상대적으로 덜 힘들고 즐겁게 일할 수 있고 이는 직업적 성공으로 이어질 수 있기 때문이라는 것이다. 그런데 중요한 것은 여태까지 내가 좋아하는 일을 해 온 것은 돈을 받지 않고 했다는 것이다. 즉 아마추어로 해본 경험밖에 없다는 것이다. 그리고 아마추어와 프로는 다르다.

어렸을 때 한 번쯤은 피아노 학원에 다녀보았을 것이다. 그리고 어렸을 때 피아노를 쳐 본 사람 대부분이 동네 학원 선생님이 잘한다고 칭찬하거나 콩쿨에서 상을 받아본 적이 있다. 워낙 많은 대회가 있기 때문이다. 나처럼 피아노를 정말 싫어하는 사람이 아닌 이상에는 칭찬이 계속되고 여기저기서 상을 받기 시작하면 피아노를 치는 것이 재미있어지는 것은 당연한 일이다. 만약 이때 본격적으로 피아노를 시작했다면 어땠을까? 이것은 완전히 다른 이야기라는 것을 독자들은 모두 알고 있을 것이다. 학원에서 선생님의 칭찬, 콩쿨에서의 입상에 신이 나서, '난 피아노 치는 것이 너무 좋아'

'난 피아니스트가 될 거야'라고 결정했다면 아마 커리어의 미래를 장담할 수 없을 것이다. 어느 길이나 마찬가지지만 피아니스트의 길은 멀고도 험난하기 때문이다.

정식 피아니스트가 아닌 아직 예고에 다니는 학생들조차도 각고의 노력을 들인다. 예를 들어 자신이 치려고 하는 곡을 시작하기 위해 손을 푸는 데만 몇 시간을 할애한다. 피아노를 쳐본 사람들은 다 알겠지만 바이엘→체르니→하농으로 이어지는 지루하고 재미없는 연습곡의 향연은 정말 괴롭다. 연습곡이다 보니 같은 패턴의 같은 음계의 반복을 계속 연습하다 보면 환청이 들리는 듯한 괴로움에 시달릴 때가 많다. 그리고 예고에 진학한 친구들이 하농의 한 곡을 10시간씩 연습하는 모습을 보면 피아니스트의 길을 걷지 않은 것이 행운이라는 생각이 들 때도 있다. 그토록 연습을 많이 해도 대학에 못 가는 경우도 있고 대학에 갔다가도 너무나도 많은 더 뛰어난 경쟁자들을 보고 포기하는 경우도 많다. 프로의 길은 험난하다. 좋아하는 일을 직업으로 가지려는 시도는 사실 가혹한 대가를 수반하는 비극의 시작일 수도 있다.

좋아하는 일을 한다는 건 즐거운 일이다. 그러나 좋아하는 일을 직업으로 하기 위해서는 사실 내가 좋아하지 않는 수많은 일들을 해야만 한다. 8분짜리 피아노곡을 멋지게 치기 위해서는 8,000시간 이상의 연습이 필요한 것이다. 커피가 좋아서 바리스타가 되

었는데 사실 바리스타는 커피를 내리고 마시는 것보다 설거지, 가게 정리, 청소, 재고 정리, 쓰레기 버리기, 커피 원두 갈기 등을 훨씬 더 많이 한다. 내가 좋아하는 일을 직업으로 하기 위해서는 내가 원하지 않는 과정을 버티고 또 버텨야 하는 것이다.

여기에 더해 돈을 위해 일을 하다 보면 그 일이 싫어지는 경우가 종종 있다. 예전에 게임이 좋아서 프로게이머가 되었던 사람들 중에는 쉬는 시간에는 게임을 쳐다보지도 않는다는 사람들이 꽤 많았다. 왜냐하면 이미 하루에 10시간 이상을 게임을 하는데 또 게임을 하고 싶지 않기 때문이다. 내가 좋아하는 일을 직업으로 삼으면 좋은 취미를 잃을 수 있다. 인생에 있어서 좋은 취미를 갖는 것은 축복이다. 그리고 우리의 삶은 취미로 인해 풍부해지고 윤택해진다. 그런데 그러한 취미를 직업으로 가져서 잃는다면 매우 슬플 것이다.

4

'비교 지옥'을 벗어나자

'비교 지옥'의 시작, 조바심

"취준 시기라 다들 예민하고 조심스러워서 서로 말은 안 하는데 누구는 어디 합격했다더라 하고 건너 듣기만 해도 나는 대체 뭐하고 있나 조바심이 나요."

졸업 유예 중인 '5학년' 친구들에게 먼저 연락이 오는 경우는 보통 두 가지이다. 입사 합격 통지를 받고 기쁘게 인사하러 오는 경우와 구직 터널의 끝이 보이지 않아 답답해서 하소연하러 연락하는 경우다. 후자인 친구들이 공통적으로 하는 말이 바로 '조바심'이다. 학교 다닐 때는 '어떻게든 잘 되겠지'하며 긍정적이고 낙천적이었던 친구들도 불합격 문자 몇 번에 인생을 다 산 사람의 얼굴을 하고 있어 "밥 사 줄게"란 말도 건네기 힘들어진다.

곡식의 일종인 '조'는 이삭이 질기고 잘 떨어지지 않는다. 낟알을 여러 번 문지르고 비벼야 겨우겨우 좁쌀을 얻는데 이렇게 낟알을 떨어 타작하는 것을 '바심'이라고 한다. '조바심'은 조의 껍질을 어렵게 벗겨 좁쌀을 얻기 위해 이처럼 노심초사하는 이 모습에서 나온 말이다. 좁쌀은 워낙 크기가 작아서 아무리 서둘러 타작해도 이삭이 잘 까지지 않을뿐더러 겨우 얻은 낟알들도 이리저리 도망 다니는 바람에 제대로 모으기 힘들다.

구직 과정을 먼저 겪어본 선배로서 해줄 수 있는 것은 "이 또한 지나가리라"는 말뿐이지만 정작 듣는 사람 입장에선 영화 〈인터스텔라〉에서 아빠가 딸에게 외치는 소리가 들리지 않듯 답답하기 그지없는 말임을 너무나 잘 알고 있다.

'사회 비교'는 당연하지만

SNS에 올라온 지인이나 인플루언서, 연예인의 삶과 비교해 상대적 박탈감을 느끼는 것이 사회적인 문제로까지 대두된 지 오래다. '엄친아', '엄친딸'이라는 말처럼 우리는 가족에서 시작해 성적, 키, 외모, 돈, 집, 직장 등 줄곧 끝모르는 비교를 하며 상대적 박탈감에 젖어간다.

사실 나와 남을 비교하는 것은 너무나 오래된 한국 사회만의 특징이다. 집성촌을 이루고 살아온 농업사회 안에서 담장이 낮고, 대문이 허술한 우리 옛 주택의 모습만 봐도 저 집은 아침부터 쌀밥을 먹는지 보리밥을 먹는지, 아침 일찍 일을 나서는지, 밤늦게 술주정을 부리지는 않는지 보지 않아도 훤히 알 수 있었다. 당연히 비교가 이뤄질 수밖에 없는 환경이었다.

그러나 이건 비단 우리나라 사람만의 문제인 것은 아니다. 인간이라면 자신의 의견과 능력을 다른 사람과 비교하려는 본능적 욕구가 있으며, 이를 바탕으로 스스로를 평가한다는 이론을 바탕으로 미국의 심리학자 레온 페스팅거는 '사회 비교'♦라는 용어를 제안했다. 자신보다 더 못하거나 불행한 처지에 있는 사람과 자신을 비교하는 것을 하향 비교라 하고, 자신보다 우월하거나 더 나은 처지에 있는 사람과 비교하는 것을 상향 비교라 한다. 사람들은 누구나 자연스럽게 실패를 겪거나 자존심 상하는 일을 맞닥뜨리면 상향보다는 하향 비교를 통해 불안감을 완화하려고 하며, 반대로 자신의 목표를 세우고 이를 달성하려는 의지를 보일 때는 멘토나 특정 인물을 두고 상향 비교를 하곤 한다.

♦ 레온 페스팅거의 사회비교 : 사람들 사이의 커뮤니케이션이 개인의 태도 및 의견의 변화에 영향을 미친다는 이론으로 레온 페스팅거(Leon Festinger)가 1954년에 최초로 제시하였다.

　　사실 비교 자체가 나쁜 것은 아니다. 비교로부터 시작된 열등감, 패배감, 우울감 같은 부정적인 감정과 그로 인한 왜곡된 자기 평가가 문제이다. '쟤보단 내가 낫지'와 '나는 왜 쟤보다 못할까' 하는 생각이 그것이다. 특히 상향 비교로 인한 상대적 박탈감은 낮은 자존감, 타인에게 인정받고 싶은 욕구뿐만 아니라 모호한 자기 정체성까지 연결된다. 자기 색이 뚜렷하지 않은 사람은 끊임없이 남과 자기를 비교하고, 자기 자신 또는 남을 깎아내리기 마련이다.

중요한 건 남이 아니라 나

아이러니하게도 이 비교는 '나 자신'이 중심이 아니다. 비교 대상인 상대방이 중심이 되어, 나보다 나은지 못한지를 따져 좌절하기도 하고 만족하기도 한다. 그러나 역설적으로 자의식은 청소년기의 사회적 비교를 통해 발달된다. 비교로 기인하는 부정적 감정에 휩싸여 더이상 변화를 추구하지 않는다면 나는 진짜 그런 사람이 되어버린다. 나는 내 생각과 행동의 변화로 '닭 머리'가 되기도, '소꼬리'가 되기도 하며, 혹은 '소 머리'가 될 수도 있다.

앞서 언급한 『아주 작은 습관의 힘』에 따르면 행동의 변화는 결과 변화+과정 변화+정체성 변화라는 세 개의 층으로 이뤄져 있다고 한다. 행동이 변화하려면 그 중심인 정체성부터 변화해야 한다는 뜻이다.

단순한 결과의 변화는 우리가 흔히 시도하는 목표의 달성이다. 학생이라면 이번 중간고사에서 전교 10등 안에 든다든가, 운동선수라면 금메달을 딴다든가 또는 살을 3kg 뺀다든가 하는 목표만을 생각한 변화가 가장 표면적이고 단순한 변화라고 할 수 있다. 다만 이런 변화를 위한 행동은 목표가 달성되고 나면 그것으로 끝이다. 뒤에서 이야기할 '돈 벌기'만이 일의 목표가 된다면 이를 달성하는 과정과 동기부여가 결코 쉽지 않을 것이다.

그러나 진짜 변화는 '정체성'의 변화에서 시작되어야 한다. 모델 한혜진 씨의 조언을 빌려보자면 "어차피 모든 과정은 혹독하다. 완성된 모습만 생각하라"고 했다. 그 완성된 모습이 나의 오늘에서 시작해 미래로 나아가는 정체성이다. 구체적으로 예를 들어보면 '나는 술을 마시지 않는 사람이야', '나는 건강한 몸을 유지하는 사람이야'와 같은 '나'에 대한 안정적이고, 일관된 설명이 바로 나의 정체성이다.

인간의 발달 단계에서 정체성은 하루아침에 만들어지는 것이 아니며, 아무 고민 없이 쉽게 얻어지지도 않는다. 어린아이부터 노인까지 삶의 과정에서의 마주치는 문제와 해결을 위한 고민에서 나의 모습은 끊임없이 수정되고, 단련되고, 변화한다. 즉, 진로라는 것이 사실 나라는 사람의 정체성 찾기의 여정이 아닐까 하는 생각이 든다.

인천에서 제주로 출발한 비행기의 항로가 조금만 틀어져도 부산이나 일본 어딘가에 도착할 수도 있다. 마라톤을 하며 양옆 앞뒤의 사람들과 나의 위치를 비교하게 되는 자연스러운 마음은 그냥 그대로 두자. 누가 어디에 있든 관계없이 나는 이 마라톤을 끝까지 성실히 끝내고 그만큼 몸도 마음도 더욱 단단해질 사람이니까. 오히려 혼자 달리지 않고 함께 달리기에 서로 응원도 격려도 할 수 있을지도 모른다.

5

그러면 저는 뭘 하면 좋을까요?

내 삶이란 항해에서 배의 선장은 나

매해 많은 그리고 다양한 학생들이 상담을 신청한다. 각각의 학생들이 처한 상황이 다르고 자라온 환경도 다르고, 좋아하는 것도 다르며, 추구하는 방향성도 다 다르다. 그런데 한 가지 공통점이 있다. 이미 몇 번 언급했지만 자신이 무엇을 해야 하는지 또는 자신이 무엇을 하고 싶은지 모르고 있다는 점이다. 학생이 면담을 와서 앉으면 우리는 물어본다, "넌 뭘 하고 싶니?" 그러면 8할 이상이 "그러게요, 저는 뭘 해야 할까요?" 또는 "모르겠어요"라고 답한다. 여기서는 이 문제를 구체적으로 다루어 보려고 한다.

우리는 이제 갓 법적 성인의 나이에 다다른 학생들이 자신의 진로에 대해 막막해하는 현상이 이상한 것도, 또 잘못된 것도 아니라고 생각한다. 단지 이들은 성인의 나이에 다다를 때까지 자신의 미래를 그리는 교육을 받지 못했을 뿐이다. 이는 비단 현재 청년들의 문제는 아니다. 우리가 대학에 입학했을 때 우리도 진로에 대해 생각하지 않았다. 어떻게 하면 친구들과 재미있게 어울릴까를 고민했을 뿐이다.

이 같은 맥락에서 필자는 갓 성인이 된 청년들이 진로에 대해 고민하지 않은 것이 문제가 아니라 아직 준비가 되지 않은 어린 청년들에게 이러한 고민을 강요해야 하는 상황이 문제라고 생각한다. 하지만 어쩌겠는가. 이제는 우리 청년들이 이러한 고민을 해야 한다. 그렇다면 이 상황에 대한 한탄과 부정보다는 어떻게 타개해야 할지 고민하는 것이 필요하다.

사실 여러분은 자신을 잘 알고 있다. 10년 넘게 학업과 그로 이어진 대입 준비 과정 동안 잠시 자기 목소리를 듣지 못한 것뿐이다. 자기 내면의 목소리는 아무 때나 들리지도 않고, 잘 들리지도 않는다. 진로에 대한 고민은 당연히 정답이 있을 수 없다. 게다가 우리의 교육은 귀 기울여야 할 나의 목소리가 잘 들리지 않도록 목동이 양 떼 다루듯 우리를 몰아왔다. 그러나 삶은 울타리 쳐진 너르고 평온한 목장이 아니다. 그보다는 망망대해를 항해하는 것과 비슷한데 그 배를 운항하는 선장이 바로 자기 자신이다. 내 삶의 돛과 키를 잡고 가끔은 폭풍우를, 이떨 땐 기도 기도 끝이 안 보이는 수

평선을, 순풍과 역풍을 맞으며 항해해 나가야 한다.

진로는 인생 항로의 내비게이션

망망대해라는 건 결국 진로를 포함한 삶에 관한 모든 것이 불확실하다는 이야기이다. 그럼에도 불구하고 진로는 중요하다. 왜냐하면 어떤 문제에 직면했을 때 그 문제에 접근하는 데 있어 길 안내를 해주는 해도海圖 같은 역할을 해주기 때문이다. 사람은 인생을 살면서 계속해서 문제에 부딪힌다. 이러한 문제들을 피해 갈 수도 있고 해결하려 노력할 수도 있고 문제와 타협할 수도 있다. 피해 가는 것이 항상 나쁜 선택지도 아니며 해결하는 것이 늘 옳은 선택지도 아니다. 그때그때 합리적 선택만 있을 뿐이다. 더구나 선택의 결과는 항상 많은 시간이 지나고서야 알 수 있다. 결국 지향점을 보고 앞으로 나아가는 것이다. 이때 자신의 그림을 그려 놓은 사람과 그렇지 못한 채 국지적으로 문제에 접근하는 사람은 당장에는 큰 차이가 없어 보일지 모르겠으나 이후에는 결정적인 차이로 다가올 것이다.

방향은 유연하게, 행동은 구체적으로

그러므로 진로는 구체적일 필요가 없는 것이다. 어차피 세부적인 부분들은 상황이 진전됨에 따라 변화할 것이고 합리적 의사결정에 영향을 줄 수 있는 추가적인 정보가 갱신됨에 따라 합리적 선택 또한 변화할 것이기 때문이다. 오히려 지나치게 진로에 대한 구체적 계획은 문제 해결에 있어 유연성을 해칠 수 있다. 꿈은 명사가 아니라 동사로 꿔야 한다는 말처럼 의사, 변호사, 교사 같은 직업이 아니라 '사람들에게 따뜻함을 전하는 글을 쓰는 사람이 되고 싶다', '세상에 배고픈 사람이 없도록 만들고 싶다'같이 조금은 히무맹랑하거나 다소 추상적이기도 한 꿈을 꿔야 '나'라는 사람의 재능 구석구석을 모두 이용해 발전해나갈 수 있을 것이다.

그러나 꿈을 현실로 만드는 과정은 구체적이어야 한다. 우리의 오늘에 더해야 할 행동 지침들을 몇 가지 적어보자 한다.

첫째로 신문 읽기, 뉴스 보기를 생활화해야 한다. 이는 상식을 넓히는 가장 중요한 첫 번째 단추인데 신문과 뉴스는 매일의 사건, 사고뿐만 아니라 경제, 정치, 사회, 과학 등 다양한 영역을 아우르는 정보와 통찰력을 제공한다. 자극적이지만 금방 휘발되어버리는 인터넷 뉴스 말고 가능하다면 전통 매체의 정돈된 기사를 읽기 바란다. 사건의 시작과 종결을 이야기하고, 원인과 시사점을 꾸준히 듣고 본다면 지식이 쌓이는 것은 물론 여러분의 시야를 한 단계 업그레이드해 줄 것이다. 일부 학교에서 신문을 교재로 하는 NIE 수업을 다양하게 진행하고 있는 이유는 어릴 때부터 꾸준히 신문과 뉴스를 접한 학생들은 확실히 독해 능력이 좋고, 토론을 이끌어 가는 힘이 생기기 때문이다. 이런 능력들과 시야가 더해지면 여러분은 보다 다양한 진로 선택이 가능해질 것이다.

두 번째로 멘토를 찾아보자. 가족, 선배 같은 가까운 인물 말고 저 멀리 지평선에 닿아있는 것 같은 인물이 멘토가 된다면 망망대해의 등대가 하나 더 생기는 것과 같다. 멘토를 찾기 위해서는 이 역시 많이 봐야 한다(많이 보고 듣는 것, 언제 어디서든 참 중요하다). 아마 학생 대부분이 위인전을 읽은 지 오래됐을 텐데 다시 찾아 읽어 보면 새로운 기분이 들 것이다. 성인을 위한 위인전은 생각보다 많지 않은데 아동용 위인전에 수록된 인물을 훑어보고 관심 있는 대상을 골라 그에 관해 쓰인 평전 등을 읽어보면 된다.

예를 들어 징기스칸에 대해 찾아보면 그의 리더십, 몽골 정복사와 중앙아시아 이야기 등 다양한 도서가 검색된다. 당연히 TED와 같은 명사 강연을 찾아보는 것도 좋다. 단, 알다시피 오늘날 정보는 무한히 넘쳐나므로 나만의 큐레이션과 집중으로 시간과 에너지를 효율적으로 사용하길 바란다.

멘토 찾기와 같은 맥락으로 현실의 어른을 존경하는 것 역시 개인적으로 갖추었으면 하는 자세다. 기성세대와 청년세대가 서로에 대해 불만을 갖는 것은 동서고금을 막론하고 늘 존재했다. 소크라테스도, 아리스토텔레스도, 공자도, 니체도 젊은이는 오만하고, 도덕성을 갖추지 못했다고 한탄했다. 하지만 그 시대의 젊은이들이 보기에는 소크라테스도 아리스토텔레스도 모두 '꼰대'였을 것이다. 자신의 말만 하고, 젊으니 어리석다 치부하는 나이만 먹은 어르신들을 한심하다 생각했을 것이다. 그러나 어른은 어른이 될 때까지 경험하고, 느끼고, 행동했던 것들이 분명히 있다. 그들이 젊었을 때 가졌던 열정과 꿈을, 그것을 이룰 수 있었던 노하우를 물려받고, 교양을 선수 받으면 내 꿈을 이루는 자양분이 될 수 있을지도 모른다.

마지막으로 영화를 보고, 그림을 감상하고, 음악을 듣고, 좋아하는 작가 한 명을 파보고, 한가지 운동을 꾸준히 하며 예체능 감각을 키워야 한다. 예술을 즐기는 사람의 마음에는 교양과 품위가 자연스럽게 깃들고 그 공간도 넓어지며 시야도 안목도 한층 더 발전된다. 망망대해를 항해하는 선장이 여유롭지 않다면 배가 순항하기 어려운 것은 당연하다. 또한, 삶의 많은 문제는 건강한 신체에서 해결의 실마리가 시작된다. 드라마 〈미생〉에 나오는 "체력이 약하면 편안함을 찾게 되고, 그러면 인내심이 떨어진다. 또한 그 피로감을 견디지 못하면 승부 따윈 상관없는 지경에 이르기 때문이다"라는 대사는, 주인공 배우가 어느 인터뷰에서 말했듯 비단 바둑과 같은 승부 다툼뿐 아니라 우리 인생에서 보편적으로 유념해야 할 말이다. 건강과 운동의 중요성에 대한 이야기는 뒤에 더 나눠보고자한다.

6

일이란 무엇일까?

직업은 돈을 위한 것만은 아니다

부모님을 만족시키기 위해 경제학과에 진학했지만 졸업 후 경제나 금융과 관련된 직업을 택하고 싶지 않았던 한 남학생이 아버지에게 진지하게 말한다.

"아버지, 저는 제 꿈을 좇고 싶은데 그건 스탠드업 코미디언이 되는 거예요."

그러자 아버지는 "꿈을 좇다간 노숙자가 된다"고 단호하게 이야기한다.

"아니에요, 아버지. 우리가 살고 있는 미국은 본인이 하고 싶은 걸 뭐든지 할 수 있어요."

"아니다, 아들아. 모든 사람은 자기가 싫어하는 일을 하고 돈을 받는 대신에 그 돈으로 자기가 하고 싶은 일을 하는 거야!"

미국의 스탠드업 코미디언 겸 배우인 지미 양Jimmy O. Yang의 코미디 공연 중 일부이다. 이 한 장면에 일과 직업에 대한 동양인 부모의 견해가 너무나 잘 녹아있다고 생각한다.

일이란 무엇일까? 항상 그렇지만 우리는 본질적인 문제에 대한 질문을 던지는데 너무 게으르다. 일을 하려면 일이 무엇인지에 대해 이해해야 하는 것은 어떻게 보면 당연한 일이 아닐까 싶다. 직업으로서 일은 오로지 돈을 벌기 위한 수단일까? 일이란 대체 무엇일까?

알고 보면 사람은 누구나 일을 하며 살아가는데 여가 시간을 제외한 생산활동을 하는 시간, 예를 들어 공부를 한다든가, 집안 청소를 한다든가 하는 모든 것이 일이라고 볼 수 있다. 여기에 경제적인 보상이 주어진다면 그것은 직업이 될 것이다. 대부분의 성인은 잠자는 시간, 식사시간, 휴식시간을 제외한 하루의 대부분을 직업적 활동을 하며 보낸다. 직업을 통해 개인은 사회와 연결된다. 사회는 개인들의 직업으로 유지되며, 직업을 통해 개인은 사회에 속하게 된다.

직업의 기능에 대해 프리드만과 해비거스트는 다음과 같이 다섯 가지로 정리한다. 첫째, 개인에게 필요한 물건이나 서비스를 구매하게 해주는 경제적 기능이다. 대부분 사람은 일에 대해 떠올릴 때 경제적 기능, 즉 돈을 자연스럽게 연상한다. 둘째, 개인의 생활에 질서와 일과를 제공하는 생활의 규제 기능이다. 방학이 되면 늦잠을 자는 등 늘어졌다가 개학하면 학교 시간표에 맞춰 등교하고, 수업을 듣던 학생 시절을 떠올려보면 직장 역시 그 연장선이라고 생각할 수 있다. 성인도 직업을 통해 생활에 일정한 주기와 규칙을 부여할 수 있다. 셋째, 개인에게 일정한 신분, 역할을 부여함으로써 정체성을 부여한다. 직업을 통해 성취감과 만족감을 얻는 중요한 포인트라고 할 수 있다. 직업에서 부여받은 정체성을 기반으로 자기계발·자아실현과 같은 개인의 정체성으로 확대되기도 한다. 넷째, 참조집단을 제공한다. 직업은 한 사람의 사회적 행동에 대한 규범을 제공하고, 그에 대해 사회적 기대를 갖게 한다. 직업에 따라 만나는 사람도, 그에 따라 우리의 행동도 달라지기 마련이다. 참조집단은 개인의 인적 자본이 되기도 한다. 마지막으로 직업은 개인에게 의미 있는 생활경험을 제공한다. 서로를 존중하는 직장 분위기, 소통과 협업이 잘되는 근로환경은 직업을 통해 느낄 수 있는 의미 있는 경험이라고 할 수 있다.

오늘날 한국 사회에는 이런 전통적인 직업의 기능 중 경제적 기능에 치중한 의미부여가 만연하고 있다. '월급 루팡' 같은 신조어 자체가 직업에서 경제적인 의미 이상의 것을 찾을 수 없는 개인의 행동을 염두에 둔 것이다. 직업의 다른 기능들은 무시한 채 단지 돈만 벌면 된다는 생각은 학생들을 전업 투자의 길로 이끌기도 한다. 이 이야기는 다음 장에서 자세히 나눠보겠다.

과연 편안히 돈만 벌면 행복한 인생이 펼쳐질까? 그렇다면 로또에 당첨된 모든 사람이 잘 살아야 하는 것 아닌가. 경제학자 귀도 임벤스, 브루스 사세르도트, 그리고 통계학자 도널드 루빈은 2001년 연구논문을 통해 복권 당첨자들은 평균적으로 수령금의 16퍼센트만 저축하고 나머지를 탕진한다고 밝혔다.[3] 탕진만 한다면 그나마 양호한 편이다. 뉴스에 종종 등장하는 '로또 1등의 비극'을 들어보면 당첨금을 탕진한 후 다른 사람을 상대로 사기를 치거나, 투자 실패로 스스로 목숨을 끊거나, 부모 형제간의 분쟁으로 칼부림을 부리기까지 한 당첨자들이 등장한다. 미하이 칙센트미하이 교수는 저서 『몰입의 즐거움』에서 말하길 1960년부터 1990년대까지 미국인의 실질소득은 두 배 이상으로 늘었지만 스스로 무척 행복하다고 말하는 사람의 비율은 여전히 30퍼센트 수준에 머물러 있다며 이것은 기본적으로 먹고살 만한 정도만 되면 아무리 재산이 늘어난다 하더라도 그것이 행복으로 직결되지 않는다는 사실을 알려준다고 했다.

이와 같이 인간의 욕구는 경제적 부유함에서 오는 한 안락함과 편안함으로만 충족되지 않는다. 행복 호르몬이라 불리는 도파민, 옥시토신, 세로토닌, 엔도르핀은 음식이나 약물로만 촉진되는 것이 아니라 목표설정과 보상에 대한 기대감, 목표 달성 때의 만족감, 사람 간의 유대감이나 스킨십, 자신에 대한 자존감, 자신감, 규칙적인 운동으로도 분비된다고 한다. 일을 함으로써 형성되는 생활의 규칙성에서 기인하는 심신의 안정감을 바탕으로 동료와의 협업과 유대를 통해 나의 정체성을 찾아가는 과정에서 느끼는 만족감이 더 클 수도 있다는 이야기다.

'인간적 역량'이 중요해지는 세상

그렇다면 앞으로 직업의 의미와 기능은 과연 어디로 흘러갈 것인가. 컨설팅 그룹 딜로이트의 인사이트를 인용해보자면 표준화·세분화된 제품과 서비스 제공이 가능해진 산업 시대에 들어 일은 점점 반복적이고, 치밀하게 정의된 과업의 실행으로 변화했다. 그것이 이제는 IT기술의 발달로 사람이 아닌 기계에 일자리를 내줘야하는 시대가 도래했다. 따라서 우리는 이제 '인간적 역량'에 몰입하도록 일의 방향을 재정립해야 한다. 기업의 입장에서 단순히 비용 절감과 효율성만을 목표로 할 것이 아니라, 비일상적인 문제의 해결, 새로운 기회의 탐색이 일의 큰 부분을 차지하도록 해야 한다.

'인간적 역량'이란 공감 능력과 같이, 고객의 입장에서 제품이나 서비스를 사용하는 데 발생하는 문제에 대해 상황의 맥락을 이해하고, 인간 고유의 능력인 상상력을 사용하여 서로 다른 영역에서 유사점을 찾고, 영역 간의 관계 및 상호작용을 파악하여 해결책을 제시할 수 있는 능력을 가리킨다. 또한 호기심과 창의성으로 문제의 근원을 밝히고 정보를 모아 분석할 수 있어야 한다. 직관과 사회적 지능 역시 일을 하는 데 있어 중요한 능력이다. 즉, 인간만의 유연한 방식으로 문제를 해결 할 수 있느냐가 앞으로의 일이 요구하는 능력이 될 것이다.[4]

직업으로서의 일은 계속해서 진화하고 있다. 우리는 보이지 않는 잠재적인 문제를 먼저 찾고 창의적인 해결방법을 제시할 수 있어야 한다. 사실 우리 모두는 이런 인간적 역량을 가지고 있다. 다만 전통적 사고에 갇힌 일터에서 사용할 기회가 없었을 뿐이다. 앞으로의 일은 인간적 능력에 열정을 더하여 문제를 해결할 수 있는 주체성을 가진 사람을 중심으로 흘러갈 것이며, 사회는 그런 사람에 대해 보상을 늘려갈 것이다.

주체성은 내가 나다울 때 가장 빛날 수 있다. 파커 J. 파머는 저서 『삶이 내게 말을 걸어올 때』에서 자기가 해야 할 일이 무엇인가를 알려면 자기 인생의 목소리에 귀를 기울여야 한다고 했다. 비슷한 맥락으로 서정범 선생은 저서 『어원별곡』에서 '아름답다'는 말은 15세기에는 '아람답다'로 표기되었는데, 여기서 '아람'이 바로

나 자신을 말한다고 했다. 즉, '아름답다'는 바로 '나답다'는 말이다.

이 모든 것을 관통하여 전달하고픈 하나의 메시지를 꼽으라면 바로 이 이야기라고 할 수 있다. 내가 나다울 수 있도록 우리는 각자의 시간을 쌓아가야 한다. 남과의 비교를 멈추는 대신 상대방의 말을 경청하고, 집중과 몰입으로 나의 시간의 질을 높여야 하며, 위기와 문제를 피하는 대신 맞서서 해결책을 강구하고, 어려움을 즐길 수 있어야 한다. 물리적으로 단순히 흘러가는 시간을 '크로노스'라 하는 반면, 몰입으로 만들어내는 자신만의 주관적인 시간은 '카이로스'라고 한다. 하루를 열흘처럼 쓰는 경험을 한 번쯤은 해봤을

것이다. 우리 모두에겐 똑같이 하루 24시간, 1년 365일이 주어진다. 크로노스를 카이로스로 변화시키는 힘이 우리 모두에게 있다.

(7)

전업 투자를 고려하는 당신에게!

투자로 큰돈을 번 사람들이 많다고?

"저는 주식과 코인에 투자하는 전업 투자자가 되고 싶어요."

2021년 여름, 한 학생이 면담을 와서 말했다. 그는 회계사 준비를 1년 반 정도 했었다. 집에서 인터넷 강의를 통해 공부하면서 컴퓨터 앞에 앉아 있는 시간이 많았는데 용돈이 필요해서 공부 중간중간 주식투자를 했다고 한다. 시험결과는 성공적이지 못했는데 오히려 주식투자가 아주 성공적이어서 차라리 시험공부를 하는 것보다 주식투자를 하는 것이 낫겠다고 생각했다고 이야기했다.

문제는 이 학생이 주식투자를 시작했다는 2020년 3월은 코스피 지수가 1570 정도까지 떨어진 저점이었다는 사실이었다. 면담을 하던 당시인 2021년 7월 코스피 지수는 무려 3300까지 올라

있었다. 때문에 이 시기 투자자들은 대부분 돈을 벌었다. 코로나가 한창 극성을 부리던 시기였기에 많은 것들이 불안정했고 불확실했다. 그 와중에 주식시장은 등락을 반복하며 서킷 브레이커와 사이드카가 동시 발동되기도 했고, 저점에서 다시 쌓인 투자 열기로 코스피가 3000선을 넘나들기도 했다. 위기와 기회가 수시로 오가며 본인을 포함한 많은 개인 투자자들이 경이로울 정도의 수익률을 올리다 보니 경제활동을 본격적으로 시작하기 전인 학생들에게 전업 투자라는 진로 선택지가 자연스레 추가되었다.

그 와중에 사회적 거리 두기로 촉발된 온라인 미디어 영향력

이 확대되자 소액 투자를 시작하는 학생들은 유튜브 콘텐츠로 주식이나 코인 투자를 접하면서 모니터 너머의 멘토들에게 적지 않은 영향을 받을 수밖에 없었다. 단타로 몇 분 만에 하루 일당보다 많은 돈을 쉽게 버는 모습을 보여주며 저점 매수-고점 매도의 자신감에 찬 멘토들은 집 살 돈으로 주식투자를 하라고 부추기고, 월급과 같은 근로소득이 너무 적다며 직장인을 '흑우(호구)'로 폄하한다. 코인이나 테마주와 같이 빠르게 가격이 오르내리는 투자처가 많아진 것도 학생들로 하여금 전업 투자의 길을 고민하게 만드는 요소이다. 24시간 열리는 코인장은 한동안 변동성이 워낙 컸기에 한 번에 큰돈을 벌 기회가 있다고 생각하는 이들이 많았을 것이다.

꿈을 포기한 젊은이들의 탈출구

모니터에서 잠시 눈을 돌려 밖을 보자면 코로나, 러시아-우크라이나 상황, 부진한 국제 교역, 고물가, 주요국의 통화정책 등으로 초인플레이션과 긴축의 시대가 도래했다. 경제성장이 둔화하는 등 거시경제 상황이 악화되고 있는 오늘, 스태그플레이션이 가져올 고통을 눈앞에 두고 치솟는 부동산 가격에 'N포 세대(어려운 사회적 상황으로 인해 취업이나 결혼 등 여러 가지를 포기해야 하는 세대를 뜻하는 말)'는 더이상 신조어가 아닌 일반 명사로 느껴질 정도이다.

'N포 세대'와 유사하게 중국에서도 '탕핑(躺平·바닥에 납작하게 눕는다는 뜻으로 결혼, 취직을 포기한 채 무기력한 상태)'이란 신조어가 2021년 10대 인터넷 유행어로 뽑히기도 했다. 탕핑과 함께 사용되는 중요한 키워드는 바로 '996'과 '네이쥐안Involution'이다. '996'은 매일 아침 9시부터 오후 9시까지 주 6일을 일하는 삶을 뜻하는 단어로 이렇게 자기 삶이 없이 열심히 일하며 경쟁하는 삶이 소모성 경쟁 즉 '네이쥐안'이라는 의미이다. 실제로 현재 중국에서는 지나치게 긴 업무시간과 터무니없이 낮은 월급 그리고 지나치게 올라간 집값 등으로 인해 좌절하는 젊은이들이 아주 많아졌다고 한다.[5] 그러다 보니, 탕핑족이 추구하는 극단적 포기주의가 대중에게 인기를 끌고 있다. 특히나 부의 대물림이 사회에 구조적으로 자리 잡게 되어, 극빈층은 상상하기 어려운 수준의 생활고를 겪고 있으니, 사실상 자발적 탕핑보다 타의적 탕핑이 일어나고 있다고 볼 수 있다.

일본에서는 이보다 더 이른 2010년대에 '사토리 세대'라는 말이 유행했다. '깨달은 세대'라는 의미로 돈이나 출세에 욕심이 없고 연애에도 소극적이고 자동차나 명품, 해외여행 등에 큰 흥미를 보이지 않는 젊은이들을 보며 기성세대가 만든 자조적 표현이다. 이 사토리 세대가 등장하게 된 이유는 일본의 장기 불황과 관련이

	탕핑	N포 세대	사토리 세대
국가	중국	한국	일본
겉뜻	躺平(납작하게 눕는다)	N가지를 포기한 세대	さとり(깨달음)
속뜻	적극적인 근로&소비 회피 최소한의 생계활동만 수행 대부분 시간을 집에서 누워서 보냄	결혼, 출산, 내집 마련 등 여러가지를 포기한 세대	돈, 출세, 명예에 관심을 끊고 최소한의 욕망으로 사는 청년들
출현시기	2020년 전후	2010년 전후	2000년대 초반
포기한 것	결혼, 출산, 취업, 내집 마련	연애, 결혼, 출산, 내집 마련, 취업, 인간관계	정규직, 내집 마련, 명품, 해외여행, 연애, 결혼
배경	3자녀 정책 허용, 996 근무(오전 9시부터 오후 9시까지 주 6일간 근무)	취업난, 치솟는 물가, 부동산 폭등	장기 불황

깊다는 분석이다.

일본은 1980년대 후반, 플라자 합의 이후 엔고 시대를 맞아 부동산과 주식 등 자산 가격이 빠르게 올라가자 젊은이들의 근로소득으로 집을 살 수 없는 지경에 이르렀다. 철들기 시작하던 시절 일본의 거품경제가 붕괴하고 경기가 후퇴하면서 꿈과 목표를 잃고 현실에 타협하게 됐으며, 침체한 사회 속에서 자라나 꿈이나 목표를 가진다 해도 이룰 수 있다는 보장이 없는 걸 잘 알고 있는 세대가 바로 사토리 세대이다. 한편, 80년대 버블 시대 일본에서는 주식 가격이 빠르게 올라가니 취직을 하지 않고 전업 투자자로 전환한 사람들이 많은데, 그 후 잃어버린 10년이 20년, 30년이 되는 동안 많은 사람이 회생이나 파산 절차를 밟을 수밖에 없었다. 여기서 더 큰 문제는 젊은 사람들이 20대 후반에서 30대 초반의 3~4년을 커리어 없이 지내는 바람에 미래 소득이 감소한 것이다.

인적자원 개발의 중요성

인생과 진로에 있어 안정적인 삶의 터전은 선택이 아닌 필수 요소이다. 끊임없이 이어지는 진로 선택과 커리어, 인적자원 개발을 꾸준히 이끌고 나가기 위해서는 물리적인 의식주의 안정과 가족 또는 공동 생활자에 뿌리를 둔 정신적인 안정이 필요하다. 대학에 몸담고 있는 입장에서 학생들에게 전업 투자자로서의 진로를 적극적으로 권하지 못하는 이유가 여기에 있다.

월급, 즉 근로소득은 본인이 소속된 곳이 크게 흔들리지 않는 이상 안정적인 삶의 터전을 꾸려나가는 데 이로울 수밖에 없다. 근로소득을 경제 기반으로 삼는다면 일단 부수적으로 행하는 투자로 일확천금을 노리는 목표가 실패하더라도 당장의 생계를 흔들지 않는다. 행여나 급여가 투자수익에 비해 미미한 수준이라도 원금의 1퍼센트라도 늘어나는 투자를 계속하는 것은 결국 큰 차이를 만든다. 또한, 근로를 계속함으로써 인적자원 개발 역시 계속되어 미래 소득이 감소되는 것을 예방한다. 가장 중요한 것은 근로소득은 기본적으로 주거 및 생활의 안정을 주기 때문에 불확실한 미래에 대한 불안감을 감소시키고 안정적인 심리를 기반으로 미래를 대비하는 데 더욱 집중할 수 있게 해준다.

다시 전업 투자의 업에 대한 이야기로 돌아와 보면, 학생들이 전업 투자자가 되고 싶어 하는 이유는 크게 다음과 같은 세 가지이다. 우선, 아주 가끔 보이는 경우이긴 하나 투자수익이 아닌 각종 경제지표를 읽는다든가, 투자 목표설정과 달성 자체에 즐거움을 느끼는 경우이다. 게임에 집중하는 플레이어처럼 본인만의 데이터 수집 방법과 판단 논리가 있는 학생을 아주 가끔 보았다. 이들은 아마도 다중지능 중 논리-수학 지능이 발달한 경우일 텐데 본인의 강점을 잘 살려 수익과 별개로 투자 행위 자체에 즐거움을 느끼는 것처럼 보인다.

두 번째로 조직 생활을 꺼리는 성향을 가진 경우이다. 상하 직급과 조직 내외의 많은 사람과 부딪히고 의견을 조율해 가며 업무를 수행해나가는 것이 우리네 보통 회사원의 일상이다. 이러한 일상에 어려움을 느끼는 경우가 많은 사람이라면 개인이 권한과 책임을 모두 짊어지는 직업을 선택하기 쉬운데 그중 하나가 전업 투자라고 할 수 있나.

그리고 마지막이 대부분 경우일 텐데 전업 투자를 진로로 고민하는 학생들은 전업 투자 수익이 근로소득보다 훨씬 더 우위에 있을 것이라고 예상하고는 뛰어든다. 특히나 코로나를 기점으로 국내 주식시장에서 개인 투자자 수가 급격히 증가하여 2019년에 614만 명이었던 개인 투자자 수가 2022년 말 기준 1,441만 명으로 2배 이상이 되었으며, 이는 경제활동인구인 2,867만 명 대비 약 50퍼센트에 해당하는 수치이다(한국예탁결제원, '22년 12월 결산 상장법인 주식 소유자 현황'). 투자 인구가 늘어났다는 것은 그만큼 그 분야에 관심도가 높아졌다는 것을 의미하고 이에 따라 관련 소식을 전하는 다양한 채널과 마케팅 수단이 등장할 수밖에 없었다. 경제적 자유를 누리는 '슈퍼 개미 신화'까지 등장하면서 "누구나 월 천만 원을 벌며 하루 서너 시간 일하고 한강 뷰를 누리는 집에 살 수 있다"는 달콤한 속삭임을 한 번쯤은 들어봤으리라 생각된다. 그러나 한국예탁결제원의 2020년 통계 자료에 의하면 국내 주식을 100억 원어치 이상 보유한 이른바 '슈퍼 리치'는 2,800명인데 그중 상장사 최대 주주 또는 친인척 등이 4명 중 3명꼴이라 한다.[6] 일반 개인 투자자가 '슈퍼 개미'의 성공신화를 쓰는 것이 확률적으로 얼마나 희박한 일인지 보여주는 증거라고 생각된다.

한때 모 투자자 커뮤니티에 "전업 투자자는 시간을 어떻게 보내나요?"라는 글이 올라와 눈길을 끈 적이 있다. 하루 종일 거래를 하는 것도 아닌 만큼 낮에는 책을 읽으면서 시간을 보내는지, 아니면 오후에 등산이나 낚시를 가는지 궁금하다는 얘기였다. '전업'에 대해 완전히 잘못 이해한 경우라고 볼 수 있다. 전업 투자자라면 하루 깨어있는 시간 중 대부분을 시장 동향 파악과 종목 리서치, 기업 탐방, 현장 리서치 등으로 채울 것이다. 책을 읽고, 등산을 가는 것은 여유시간을 보내는 방법이지 업무를 보는 방법이 아니다. 전업 투자자의 정의를 다시 되새길 필요가 있다.

모든 진로 고민의 철칙은 첫째, 의식주의 안정을 추구해야 하고, 둘째, 커리어와 인적자원을 포기하지 말아야 하며, 셋째, 지나친 빚은 자제해야 한다. 전업 투자자로의 길을 선택한다는 것은 개인의 안전망을 스스로 무너뜨릴 수도 있으니 투자 행위에 시간과 에너지를 오롯이 쏟을 만한 가치가 있는지 본인 스스로 숙고해볼 필요도 있다.

규칙적인 생활 그리고 건강과 운동

의식적인 반복의 힘

코로나를 겪으며 많은 이들이 사람의 손으로 통제 불가능한 환경에 대해 회의를 느꼈을 것이다. 음식점은 일찍 문을 닫고, 영화관은 입장 인원을 제한하며, 학교에서는 온라인 수업을 했음에도 바이러스는 끝모르게 확산되었고 우리가 할 수 있는 최선은 깨끗이 손을 씻고, 마스크를 착용하며, 사회적 거리 두기를 하는 것뿐이었다. 이런 상황 속에 많은 사람이 정신적·신체적으로 정체되었고 급기야 '코로나 블루(코로나 19와 '우울감blue'이 합쳐진 말로, 코로나 19의 확산으로 일상에 큰 변화가 생기면서 일어난 우울감, 무기력증)'라는 신조어까지 탄생했다.

이렇게 예측하고 통제하기 어려운 외적인 위기가 닥친 데 대한 반작용으로 개인이 주체가 되어 주변을 일정하게 만들고 통제 가능한 환경을 만드는 것이 화두로 떠올랐는데 이것이 바로 '리추얼'이다. 본래 '리추얼'은 일정하게 정해진 순서에 따라 종교적 의식을 경건히 진행해가는 일종의 구도 과정이다. 요즘의 대표적 리추얼을 떠올려보면 '미라클 모닝(이른 아침에 일어나 일과 시작 전 운동, 독서 등 자기계발을 하는 것)', '오운완(오늘 운동 완료)', '오하운(오늘 하루 운동)', 독서일기, 감사일기 등 해시태그가 연상된다. 이를 통틀어 '갓생(신을 의미하는 'God'과 인생을 뜻하는 '생'의 합성어로 부지런하고 타의 모범이 되는 삶을 뜻하는 신조어)'과 연결되는데 리추얼의 본래 뜻인 신에게로 나아가는 종교적 구도 과정과 어떻게 보면 통하는 면이 있다. 일상생활 속에서 무리하거나 어렵지 않게 실천할 수 있는 활동을 통해 일상에 활력을 더하고 그로부터 작은 성취감을 얻을 수 있어 자신감, 정체성, 자존감을 키울 수 있는 좋은 방법이라고 할 수 있다. 리추얼로 물리적 시간인 '크로노스'를 주관적 시간인 '카이로스'로 바꾸는 경험을 할 수도 있을 것이다.

미국 작가 메이슨 커리는 '모두 24시간을 사는데, 왜 어떤 사람은 더 많은 것을 이루는 것일까'라는 질문을 가지고 지난 400년간 위대한 창조자로 손꼽히는 소설가, 작곡가, 화가, 안무가, 극작가, 시인 등의 삶을 탐색했다. 총 161명을 7년간 조사한 결과 그들에게는 하루를 보내는 반복되는 패턴이 있는데 이를 엮어 『리추얼』이라는 저서를 출간했다. 그 책에서 '리추얼'이란 일상의 방해로부터 나를 지키는 도구이며, 삶의 에너지를 불어넣는 반복적 행위를 의미한다. 허무할 정도로 단순한 습관 정도로 보이는 이런 행동들이 사실 위대한 창조자들이 지독하게 지켜낸 결과이며, 이를 통해 그들의 인생을 완성할 수 있었던 것이다. 그리고 리추얼이 그들의 삶을 다른 것보다 빛나게 만들 수 있었다. 규칙적인 생활, 즉 '리추얼'의 진짜 의미는 무엇인가?

첫째로 주체성이다. 김정운 교수는 『리추얼』 추천사에서 말하길 인생의 중요한 심리적 가치는 재미와 의미인데 재미만 추구하다 보면 금세 싫증 나는 이유는 이를 지속할 만한 의미가 없기 때문이라고 했다. 습관도 리추얼과 마찬가지로 스스로 인식하지 못하고 반복된 패턴이라고 할 수 있는데 이 둘의 차이를 결정짓는 가장 중요한 요소가 의미부여라고 할 수 있다. 앞에서 언급한 하워드 가드너의 다중지능 중 '자기 성찰 지능'이 바로 이 의미부여와 밀접한 관계가 있다. 자기 성찰 지능은 자신을 명확히 이해하고, 이를 바탕으로 주체적으로 삶을 이끄는 데 필요한 능력이며 리추얼을 통해 의식적으로 '나는 누구인가', '오늘 내가 해야 할 일은 무엇인가', '이 일은 나를 어떻게 변화시키는가'를 의식하며 의미를 부여하기 때문이다.

'리추얼'의 두 번째 원천은 움직임의 힘이다. 달리기와 같은 몸의 움직임이 시작되면 근육이 반응하고 근육이 움직이면 결국 뇌가 반응해 마음도 움직이게 된다. 운동하러 가기 전 무기력하고 부정적이었던 마음가짐이 운동 후 개운하고 긍정적인 방향으로 전환되는 경험을 한 일이 있을 것이다. 움직임을 통한 '리추얼'의 대표인 소설가 무라카미 하루키는 글을 쓸 때 새벽 4시에 일어나서 대여섯 시간을 쉬지 않고 일하고, 오후에는 달리기나 수영을 하며 저녁 9시에는 잠자리에 든다고 한다. 그는 "이런 습관을 매일 별다른 변화를 주지 않고 반복한다. 그러다 보면 반복 자체가 중요한 것이 된다. 반복은 일종의 최면으로, 반복 과정에서 나는 최면에 걸린 듯 더 심원한 정신 상태에 이른다"고 말했다. 움직임이 갖는 리추얼의 의미는 그의 저서 『달리기를 말할 때 내가 하고 싶은 이야기』에서 한층 더 강조된다. 자신의 능력과 활력을 유지하기 위해서, 창작자로서의 동기를 밖이 아닌 안에서 찾고 싶어 반복하는 것이 바로 달리기라고 했다.

몸을 움직여 발견하는 내면의 나

운동의 중요성은 아무리 강조해도 지나치지 않다. 우리 모두 너무나 잘 알고 있듯이 운동은 심혈관과 호흡 기능 향상에 도움이 되고,

체력을 늘려 지구력을 향상시키며, 당뇨나 뇌졸중 등의 질환 발생을 감소시킨다. 운동을 하면 각종 호르몬 분비가 촉진되는데 이 중 신경전달 호르몬인 엔도르핀은 진통제처럼 뇌에서 나오는 통증 신호를 차단하여 스트레스에 맞서는 기능을 한다. 또 운동을 하면 기분, 감정, 수면과 식욕에 좋은 영향을 주는 '행복 호르몬' 세로토닌과 도파민이 생산된다. 특히 도파민은 목표를 달성했을 때 분비되는데 운동을 통해 만족감을 느끼게 되면 더 큰 만족감을 위해 동기 부여가 강화되고 더 높은 목표를 세우게 되는 사이클을 만들어낼 수 있다. 요즘 주목받고 있는 '마이오카인' 호르몬은 내분비기관이 아닌 근육에서 분비되는데 치매 예방, 비만과 당뇨 예방, 염증 제어 등 다양한 기능에 도움이 된다. 운동을 할수록 근육이 활성화되고 이 호르몬 분비가 촉진되니 운동을 하면 이런 선순환 구조도 형성하게 된다.[7]

몸과 마음을 단단히 한다는 의미에서 더 나아가 운동을 하면 나 자신에 대한 개념 또한 확고하게 할 수 있다. 오감으로 느낄 수 있는 현실에서 달리고, 덤벨을 들어 올리고, 두 팔로 물살을 가르며 나 자신이라는 추상적 실체를 구체적 실체로 직접 느낄 수 있게 된다. 몸이 단단해지고, 얼마 전에는 들어 올리지 못했던 무게를 조금씩 들어 올리며 한계를 부수는 나 자신의 존재를 한층 더 강렬히 느낄 것이며 본인에 대해 확신을 갖게 되는 데 운동의 진짜 의미가 있

...유레카!

다. 운동을 통해 익히는 몸에 대한 컨트롤 능력이 발전되어 결국 자기 이해에도 도움이 될 것이다.

삶은 끊임없이 요동치고 환경은 변하기 마련이다. 그럼에도 꾸준히 이어서 해내는 리추얼을 일상의 반복되는 한 구절로 만드는 것은 중요하다. 매일매일 이어지는 하나의 구절을 의식적으로 반복하면 몸이 그것을 기억하게 된다. 그리고 의식적인 반복이 이어지면 결국은 변화가 탄생한다. 하루키는 달리기를 통해 소설가로서의 자신을 단단히 만들었다. 우리에게도 몸과 마음의 나약함을 이겨내고, 의식적인 행동을 하루 안에 더해 삶을 유지할 수 있게 하는 힘이 있다.

오늘과 같은 과잉의 시대에 외부의 물질은 너무나 충분하다. 오히려 과한 풍요로움이 사람을 나태하게 만들고, 몸과 생각을 멈추게 만들고 있다. 이럴 때일수록 외부가 아닌 내면을 채워줄 힘을 만들어야 한다. 기분 나쁜 일이 있었지만, 오늘은 운이 없는 날이지만, 몸이 유난히 피곤하지만 "그럼에도 불구하고" 리추얼을 해내고 나면 작은 성취감이 깃들 것이다. 그것들이 모여 나의 진로 역시 명확해질 수 있으니 오늘도 나의 몸을 일으켜 움직여 보자.

건강한 신체에 건강한 정신이 깃든다

결국 필자가 하고자 하는 말은 이것이다. 건강한 신체에 건강한 정신이 깃든다. 그리고 건강한 정신은 나의 삶의 방향성을 고민하고 결정하는 데 아주 중요하다. 나의 현재 상황을 객관적으로 바라보고 판단하며 합리적으로 사고하기 위해서는 지나치게 비관적이어서도 지나치게 낙관적이어서도 안 되기 때문이다. 진로와 미래를 고민하는 젊은이들에게 건강한 신체를 강조하는 이유는 바로 이 건강한 정신을 가지기 위해서이다. 즉, 우리가 궁극적으로 추구하는 바는 건강한 정신이다.

"건강한 신체에 건강한 정신이 깃든다"는 문구가 적힌 로마 시대 메달.

사실 '건강한 신체에 건강한 정신이 깃든다mens sana in corpore sano'라는 말은 제정 로마에서 활동했던 시인 유베날리스가 자신이 쓴 풍자시 10편에서 사용한 경구로 당시 로마인들이 신체의 강건함만을 추구하고 정신적인 단련을 소홀히 하는 모습을 보고 정신적인 단련이 중요하다는 맥락에서 한 말이다.[8]

그런데 이 말이 계몽주의 시대에 의미가 반대로 바뀌었다. 근대 올림픽을 창시한 프랑스의 쿠베르탱은 이 경구를 올림픽의 슬로건으로 시정했다. 스포츠를 통해 유약한 딩시 근대 유럽의 남자들에게 육체를 로마의 검투사와 같이 강하게 단련해야 한다는 메시지를 주고 싶었던 것이다. 또한 영국의 계몽주의자인 존 로크는 저서 『미래를 위한 자녀교육』에서 이 경구를 통해 아이들의 교육에 있어 건강한 육체의 소중함부터 가르쳐야 한다고 주장하였다.

현대에도 이 문구는 계몽주의자들의 영향으로 강건한 육체의 중요성을 설명하는 데 종종 쓰인다. 이러한 해석은 결과적으로는 몸과 마음을 분리해서 생각하는 데카르트식 이원론과 자연 세계의 원인과 결과를 발견하려는 근대과학을 조합한 논리다.[9] 그러나 우리는 이 문구의 원래 맥락에 집중하고 싶다. 즉 건강한 신체를 가지려는 이유는 바로 건강한 정신을 가지기 위해서인 것이다. 우리가 전달하고자 하는 메시지에 맞추어 이 문구를 조금 확장해서 이야기하자면, '건강한 외면에 건강한 정신이 깃든다'이다.

최근 인스타그램이나 틱톡과 같은 SNS를 통해 외면적 모습에 과도하게 집착하거나 외모 지상주의에 따라 바디 프로필을 멋지게 보이려 신체를 지나치게 혹사하는 경우를 볼 수 있다. 주객이 전도된 이러한 모습들은 제정 로마 시대의 유베날리스의 풍자로 회귀하는 것이다. 여기서 시인의 본디 의도를 되새길 필요가 있다. 외형적 모습이 중요한 이유는 자존감을 높일 수 있고 남들에게 열등의식을 가지지 않고 중심을 잡고 나에게 집중할 수 있도록 해주기 때문이다. 옷매무새를 바르게 하고, 몸을 청결히 하는 것과 마찬가지로 운동을 통해 건강한 신체를 만드는 것 역시 나의 마음의 원천을 가다듬는 일종의 의식이 되어야지 그 자체가 목표가 되어서는 안 된다.

　신체를 갈고, 닦는 등 외면적 모습에 투자하는 것은 결국 자신의 자존감을 높이고, 의식 있는 삶을 살아가기 위함이다. 미에 집착한 나머지 약물에 손대고, 온라인에 보이는 이미지를 위해 일상을 단절하는 청년들을 보면 정말 중요한 것을 놓치고 있는 것 같아 안타깝다. 나를 나로서 온전히 인지하고, 내가 나아갈 방향을 알고, 꾸준히 그 길을 걷기 위해 외형을 가다듬는 것이 본래 목적이다. 건강에 관심을 두고 외형의 신체 만들기에 전력을 기울이는 노력만큼이나 정신 건강을 위한 노력도 함께 해야 함을 잊지 말아야 한다.

슬기로운 대학 생활 I
-미래를 위한 준비

(1)

N수를 해서라도 의대에 가야 하나요?

합리적이지도 효율적이지도 않은 '의대 쏠림'

한국 사회에서 대학입시는 대한민국이라는 국가가 세워질 때부터, 아니 조선 시대의 과거 제도와 유사하게 남은 인생을 좌우하는 결정적 사건으로 취급되어왔다. 특히나 21세기 현재 한국의 대입은 블랙홀처럼 다른 노력 변수들을 거의 다 빨아들이는 수준의 위력을 발휘하고 있다. 그 결과 사교육 시장의 엄청난 성장으로 나타났다. 저출산고령사회위원회의 최근 설문에서 세계 최저 출생률의 원인으로 '자녀 양육과 교육 부담'이 가장 많이 지목됐다는 것은 바로 이 지점을 가리킨다.[10]

자녀를 명문대에 보내기 위한 사교육의 민낯을 보여주며 20 퍼센트가 넘는 시청률로 대한민국을 떠들썩하게 했던 한 TV드라

저만 전적으로 믿으셔야 되겠습니까?

마가 결코 100퍼센트 창작된 허구가 아님을 우리는 잘 안다. 대치동에 살며 스타강사 수업을 듣게 하고, 화려한 실적을 자랑하는 입시 컨설턴트에게 자녀의 진로 설계를 맡기는 등의 대입 비용을 지불할 수 없다면, 아이를 낳지 않는 것도 하나의 괜찮은 선택지라 여기는 것을 뭐라 할 수 없는 형편이다.

"월급 빼고 다 오른다"는 오늘의 한국에서 여유 있는 수입이 보장된 부모들은 자기 자식이 이른바 '일류 대학'을 나와 저 힘든 노동환경에서 최대한 멀리 자리 잡길 바란다. 대입 첫해에 좋은 대학에 못 간다면? 사교육비와 시간을 얼마든 더 들여 재수, 삼수, N수를 해서라도 명문대에 보내는 것이 당연시된다. 2024학년도 수능 만점자와, 표준점수로 따진 전국 수석 모두 강남의 유명 입시학원 출신의 재수생이라는 것이 오늘날 대입 현실을 보여주는 바로미터다.

전국에서 의대에 학생을 가장 많이 보내는 학교는 서울대라는 농담이 농담으로만 느껴지지 않는다. 의대만 들어가면 특별한 문제가 없는 한 의사로서 정년 없는 활동이 보장되는 반면 뛰어난 이공계 인재가 노력과 시간을 투자해 공부해도 의사처럼 평생이 보장되지 않는다. 이런 불합리한 환경의 개선 없이는 장차 노벨상을 기대할 수도 있는 인재들이 경제적 안정을 위해 의대를 지원하는 것은 꽤나 합리적인 개인의 선택이라고 할 수밖에 없다.

심지어 의대 진학에 성공했더라도 다시 더 좋은 의대에 진학하기 위해 도전한다. 최근 6년간 의대생이 3,745명, 한의대생도 1,694명이나 학업을 중단했다. 이들 대부분이 수도권 의대 재진학을 목표로 N수를 택했다. 권역별로 살펴보면 서울과 경기·인천 등 수도권 의대의 학업중단율이 2.9퍼센트로 가장 낮았고, 강원권 한의대의 학업중단율이 7.4퍼센트로 가장 높았다고 한다. 그 뒤를 충청권 한의대(7.2퍼센트), 영남권 한의대(6.7퍼센트) 등이 이었다.

조금 시야를 넓혀 2018년부터 2023년까지 의대 및 한의대의 학업중단 현황을 살펴보면, 의대는 재적인원 10만 8,561명 중 3.4퍼센트, 총 3,745명이 학업을 중단했다. 연평균 약 624명이다. 한

의대는 2만 7,650명 중 5.8퍼센트, 총 1,694명이 학업을 중단했다. 연평균 약 282명 수준이었다. 2018년 2.9퍼센트였던 의대의 학업중단율은 2023년 4.2퍼센트로, 1.3퍼센트포인트 증가했고, 한의대의 학업중단율도 2018년 5.8퍼센트에서 2023년 6.2퍼센트로, 0.4퍼센트포인트 증가했다.[11]

사회현상으로서 대입 N수는 합리성·효율성과 거리가 멀다. 정해진 자리를 놓고 벌이는 제로섬 게임에 너무나 많은 자원이 낭비된다. 생산 가능 인구가 빠르게 줄어드는 중에 청년들의 사회진출도 늦어진다. 개인의 합리적인 선택들이 공동체에는 합리적이지 않다는 꽤나 모순적인 상황이다.

대학입학은 끝이 아닌 시작

이런 환경에서 대부분의 학생은 대학에 올 때까지 인생의 목표는 '대학입학'이다. 그러다 보니 대학에 와서 이미 달성된 목표 이상의 목표, 그 이상의 실행 단계를 설정하지 못하고 헛도는 경우가 많다. 신입생을 대상으로 각 단과대학에서는 매년 2월 중순 '예비대학' 행사를 진행하는데 단과대학의 학장 이하 전체 교수와 세부 전공을 소개하고, 수강 신청, 장학금 제도나 학생회 활동 등을 안내한다.

대부분의 신입생이 참여하는 이 자리의 연단에 서면 다양한 면면을 관찰할 수 있다. 해방감과 기대감에 기쁨을 감추지 못하는 얼굴이 있는가 하면, 여기는 자기가 있을 곳이 아니라는 근심 어린 얼굴도 적지 않게 보인다. 예비대학 자리에까지 함께 온 어떤 학부모에게서 "우리 애가 여기보다 더 좋은 대학에 갈 성적인데 '어쩌다' 이 대학에 오게 되어 이만저만 아쉬운 게 아니다"라는 말을 듣기도 했다.

　이런 아쉬움과 불만을 안고 진학한 학생들은 대부분 대학 생활 적응에 오랜 시간이 걸린다. 1, 2학년을 마치고 휴학을 했다가 다시 돌아온 학생도 종종 보이는데 대부분 N수에 실패한 경우였다. 이런 경우가 아닌 많은 보통의 학생들도 대학입학이라는 목표 달성 이후 공허감과 허무함으로 당장 무엇을 해야 할지 모른 채 시간을 흘려보낸다. 1학년 수강 과목의 재수강, 심지어 학기를 통째로 재이수 하는 경우가 비일비재한 이유다.

　비단 요즘 학생들만의 일은 아니다. 우리도 고3 때 어른들에게서 "대학만 가면 하고 싶은 거 다 해"라는 말을 들었고 또 스스로에게도 입버릇처럼 되뇌었다. 마치 대학에 가면 지상낙원이 펼쳐질 것이라는 착각을 주는 주문 같았다. 그러나 대학은 대부분의 고등학생이 생각하는 유토피아와는 아주 거리가 멀다. 특히나 요새 관찰하는 대학생들의 삶은 고(苦·괴로움) 그 자체일 수도 있겠다고 느낀다. 입학과 동시에 취업을 걱정하고, 학점 관리와 인턴십, 어학과 봉사활동, 해외연수 경험 등 무엇 하나 놓칠 수가 없다. 하루, 일주일, 한 학기, 일 년 동안 해야 할 일이 빼곡하다.

필자도 대학에 와서 하고 싶은 대로 할 수 없다는 현실을 깨달 았을 때 배신감을 느꼈지만 중·고등학교, 심지어 초등학교 때부터 하나의 목표만을 보고 달려왔을 현재 학생들이 느끼는 허탈감과 박탈감은 더 심하면 심했지 덜 하지는 않은 것 같다.

'슬기로운 대학 생활'의 가이드가 필요해

그런 와중 최근 치러진 2024학년도 대학수학능력시험(수능)에서 N수생 비율이 1996학년도 이후 최고치를 기록했다. 전체 응시생 중 35퍼센트 이상이 N수생이었다. 경기도 교육연구원이 2021년 발간한 〈대입 N수생의 삶과 문화〉 연구보고서에 실린 학생 인터 뷰는 우리 사회가 'N수를 권하는 사회'임을 보여준다. 이는 능력주 의 사회의 교육열, 교육에 대한 가족의 기대와 신념, 사회·경제적 지위, 대학입시체제, 교육제도, 산업구조, 노동시장, 자본주의 체제 등 여러 복합적인 요인들이 힘을 발휘하는 사회적 배치 안에서 발 생한 것으로, 특히 사회 구성원들이 특정한 삶의 방식만을 추구하려는 욕망의 단조로운 '방향성'이 문제로 지적됐다.[12] 다양한 가치, 다양한 삶의 방식, 다양한 진로선택이 존중받아야 마땅하다는 사실을 결코 잊으면 안 된다. 교육 정책뿐만 아니라 개개인의 가치관과 사고방식이 바뀌어야지만 가능하다.

다양성을 담아내는 성공적인 인생을 위해 진로 설계를 위해 우리는 대학 생활을 '잘' 해야 한다. 대학 생활은 잘한다는 의미는 여러 가지로 해석할 수 있지만 주어진 본분에 충실하고 다양한 경험을 하며 시야를 넓혀야 한다는 의미이다. 이런 맥락에서 수많은 학생과 소통하고 상담한 우리의 구체적인 경험들을 독자들에게 전달하고자 한다.

우리가 대학 현장에서 겪은 여러 사례는 마치 여러분 본인이나 지인의 이야기 같을 수도 있다. 그만큼 지금 여러분의 고민은 결코 혼자만의 것이 아니라 생각보다 많은 사람이 똑같이 겪는 상황이다. 현장의 사례에서 발견한 우리 나름의 인사이트와 조언을 함께 엮어내어 여러분의 머릿속 막막한 진로 지도의 안개를 함께 걷어내 보려 한다.

2

재입시-전과-부/복수전공 하고 싶어요

전공이 고민이라면 원인을 살펴보자

인생은 선택의 연속이다. 한 번의 선택이 앞으로의 인생에 다양한 영향을 미치기도 하고, 꽤나 오래 꼬리표처럼 나를 따라다니기도 한다. 신중에 신중을 기해 선택한 전공이지만 항상 100퍼센트 만족스러운 선택은 없기에 나의 전공이 진로 선택에 있어 득이 될지 해가 될지 알기 쉽지 않다. 내신이며 학생부며 예체능의 경우 실기까지 다년간 차곡차곡 준비해 선택한 대학 전공에 회의감이 단 한 번도 들지 않은 학생이라면 그 준비와 뚝심에 박수를 보내고 싶다. 하지만 대부분 학생은 현재의 자기 전공에 대해 한 번쯤은 후회했을 것 같다.

통계청에서 발표한 '2022 한국의 사회지표'에 따르면 자신의 전공과 직업이 일치한다고 답변한 사람은 36.8퍼센트에 불과하다. 10명 중 6명은 전공과 무관한 직업에 종사한다는 뜻이다.[13] 한국경제연구원은 이 일자리의 미스매치가 졸업자들의 취업을 지연시키고 있다고까지 표현했다. 전공에 대한 불안감으로 재입시, 전과, 부/복수전공을 생각하고 있는 학생들이라면 고민의 원인을 한 번쯤 깊이 생각해 볼 필요가 있다.

만약 현재의 전공 학습이 버겁거나, 학과 안팎의 교우 관계가 힘들다면 그건 대학이나 전공의 문제가 아닐 수도 있다. 어른 '금쪽이'가 나일 수도 있다면 너무 직접적일까. 보통 초등학생 자녀가 '왜 공부를 해야 하냐'고 물으면, 첫째 '학생이 할 일은 공부인데 그걸 포기하지 않고 끝까지 성실하게 해내는 것 자체가 중요하다', 둘째로 '공부나 시험이 아니라도 뭐든 문제를 마주했을 때 그걸 해결하는 방법을 끝까지 고민해서 풀어내는 것이 인생을 사는 데 중요한 자세'라는 답을 하곤 한다.

자기가 하고 싶고 잘하는 영역이 파악된 학생, 자기 진로에 대한 탐구가 충분히 이루어진 학생이라면 전공 학습이 본인의 적성과 맞지 않아 흥미가 전혀 생기지 않거나 전공의 비전이 명확히 보이지 않는다는 고민이 당연히 필요하다. 그러나 눈앞의 난관을 피하면 또 다른 어려움이 다가오는 것이 인생이다. 자기가 가야 할 목적지를 명확히 알지도 못하면서 아무리 길을 바꿔 걸어봤자 만족

스럽지 않고 체력만 떨어지기 마련이다. 나의 목적지를 다시 한 번 되새겨보자. 아직 모르겠다면 이 책의 1장으로 돌아가 자기 탐색을 함께 시작해보자.

전공 비전을 구체화해본 후 판단하자

전공의 비전이 잘 보이지 않는다면 전과나 N수도 선택지 중 하나가 될 수 있다. 다만 비전에 대한 판단이 결코 추상적이어서는 안

된다. 내 전공의 비전이 보이지 않는 여러분께 아래 몇 가지 질문을 하고 싶다.

- 어떤 가치를 중심으로 전공을 선택하였는가?
- 나의 전공에 대한 뉴스와 정보를 마지막으로 찾아본 때는 언제 인가?
- 전공의 비전이나 나의 현재 고민에 대해 전공 교수와 면담한 적이 있는가?
- 전공 졸업 후 보통 어떤 직종과 기업에서 일을 하게 되는지 알고 있는가?
- 전공 졸업 후 일하고 있는 선배를 3명 이상 만나봤는가?

전공의 비전을 막연하게 생각하지 않는 방법 중 하나로 시각화하기가 있다. 야구선수 오타니가 활용해서 유명해진 만다라트 기법은 목표달성이나 실천계획표 등 자기계발법으로 유명하지만 비전 탐색 등 추상적인 고민을 확장하며 구체화하는 방법으로 활용하기에도 좋다. 아래는 '경영학' 전공의 비전 탐색을 위한 만다라트 계획표이다.

거창해 보일 수 있지만 각 항목을 하나하나 작성하면서 마인드맵같이 중심을 두고 뻗어 나가는 형태의 수지화, 시각화를 헤보

비전 세우기	경영철학 정립	장기목표 설정	이수과목 관련 직무 찾기	실무기술 강화	업계 분석	전공 선택 기준	업학요건 조사	대학원 진학 컨설팅
성공사례 연구	관련 일자리의 거시 전망	리더십 스킬 향상	경영전략 개발	이수 과목의 향후 활용	네트워킹과 멘토십	연구 계획서 작성	진학 경로 및 전공	장학금 및 연구비 조사
자기개발 계획	개인 브랜딩	멘토링 참여	자격증 및 추가 교육	창업 모든 프로젝트 계획	교육 및 강의 기회	교수님과의 네트워킹	학회 참여 및 논문 발표	학업 및 연구 역량 강화
이력서 및 자기소개서 작성	커버 레터 작성 연습	면접 준비	관련 일자리의 교육	이수 과목의 향후 활용	진학 경로 및 전공	브랜딩 및 마케팅 전략	사업 계획서 개발	제품/서비스 개발
직무 연구	취업준비	취업세미나 및 워크숍 참가	취업준비	'경영학' 전공의 비전 탐색	창업준비	자금조달 계획	창업준비	시장 조사
취업 포털 사이트 활용	네트워킹 및 관계 구축	경력 개발 계획 수립	유망기업	유망 산업과의 연계 방법	혁신적 사고	법률 및 회계 상담	네트워킹 및 파트너십 구축	창업 관련 교육
산업 분석	기업별 연구	기업문화 이해	산업 트렌드 조사	전문가 인터뷰	기술 및 지식 습득	아이디어 발표회 참여	혁신적 사고 멘토 찾기	혁신 관련 도서 및 자료
채용 정보 모니터링	유망기업	네트워킹 강화	업계 네트워킹	유망 산업과의 연계 방법	산업 연구 프로젝트	창의력 향상 워크숍 참여	혁신적 사고 워크숍 참여	문제 해결 전략 연습
기업 맞춤형 스킬 개발	인턴십 및 실무 경험 쌓기	면접 및 채용 준비	기업 인턴십	산업별 맞춤형 포트폴리오	직무 연관성 분석	디자인 씽킹 과정 수강	다른 프로젝트 참여	실제 비즈니스 케이스 스터디

면 생각보다 재미있다. 그리고 이러한 과정을 통해 내 전공의 비전에 대한 구체적 판단이 가능해질 것이다. 이 과정은 절대 혼자서 시작하고 끝내지 말고 학과 선배, 교수님 등 나보다 먼저 이 과정을 겪은 누군가를 인터뷰하거나, 최대한 진솔한 이야기를 나눈 후 적어보길 바란다. 이미 전공에 대해 부정적인 마음을 갖고 시작하는 사람에게 객관적으로 바라봐 줄 제3의 시선이 필요하다.

완벽하게 만족스러운 전공은 없다

대학 졸업자 10명 중 7명꼴로 자기가 선택한 전공을 후회한다. 한 설문조사에 참여한 직장인의 78퍼센트가 본인의 전공에 불만족한다고 답했고, 다시 선택할 수 있다면 다른 분야를 공부하고 싶다고 답했다. 잡코리아와 알바몬 공동으로 4년제 대학을 졸업한 남녀 직장인 700여 명을 대상으로 진행한 이 설문조사는 상당히 흥미롭다. 이 설문에 참가한 남녀 직장인 중 16퍼센트만 "다시 선택할 기회가 주어져도 본인이 전공했던 과목을 다시 공부하고 싶다"고 답했다. 전공 불만족 정도는 법학 계열 전공자가 가장 높았는데 무려 84.6퍼센트가 "다시 선택할 기회가 있다면 타 전공을 공부하고 싶다"고 했다. 진공만족도가 비교적 높은 경상계열 역시 28.3퍼센트만이 자신의 전공을 다시 택할 것이라고 답했다. 학과를 불문하고 전공만족도가 높지 않다는 것이다.

조금 과장하자면 완벽하게 만족스러운 전공은 없다는 증거라고도 할 수 있다. 다시 기회가 주어진다면 어떤 전공을 선택할 것인가라는 질문에는 전자 전기/컴퓨터/산업공학 등 공학 계열을 공부하고 싶다고 대답한 직장인이 28.7퍼센트로 가장 많았다. '의대 N수'의 열풍에 비해 의학, 한의학 등 의학 계열을 선택한 비율이 16.7퍼센트에 그쳤다. 물리학, 수학 생물학 등 자연과학 계열(4.4퍼센트), 철학, 역사 등 인문학 계열(3.8퍼센트)은 다시 선택하고 싶은 전공 중에서도 상당히 하위에 위치했다. 본질과 본성을 탐구하는 순수학문을 선호하지 않는 추세는 여전하다. 전공을 다시 선택하는 기준이 여전히 취업의 용이성 여부(61퍼센트)이기 때문이다. '진리 탐구와 시대의 지성을 양성하는 곳'이었던 대학의 기능이 오늘날은 과연 무엇인지 다시 한번 생각하게 되는 지점이다.[14]

다전공을 택할 때 고려해야 할 것들

1학년은 병역이나 질병의 경우를 제외하면 휴학이 안 되는 대학이 많기 때문에 대부분 꾸역꾸역 일 년간 수업을 마치고 수능 결과가

나오는 무렵 자퇴를 고려하게 된다. 고등학생의 진로 결정에 대학 학과 선택이 가장 중요한 요소 중 하나일 텐데 대학교 이름만 보고 선택한 경우 재입시를 고민하는 경우가 왕왕 생긴다.

중고교 시절 꽤나 공부를 잘했던 필자의 지인은 전문적으로 설계한 수험생활을 거쳐 국내 유명 대학교 법학대학에 진학했다. 머리가 명석하고 학습 태도도 좋았던 친구라 주변 사람 모두 당시 아직 존재했던 사법시험에 당연히 합격하리라 기대했지만 입학 이후 그 친구의 행방은 묘연해졌다. 아마도 진로와 앞으로 인생에 대한 더 깊은 고민의 시기가 한 번쯤 왔지 않았을까 싶다. 자기 탐색과 진로에 대한 고민은 결코 때가 정해져 있지 않다. 또 재입시나 전과가 시간 낭비이기에 지양해야만 한다는 이야기도 아니다. 그러나 우리의 시간과 경제적인 자원은 유한하기 때문에 기회비용을 고려하지 않을 수 없다.

기회비용을 줄일 수 있는 몇 가지 방법 중 부/복수 전공이 있다. 잡코리아의 설문조사에 따르면 대학생 10명 중 3명이 복수전공을 하고 있다고 답했다. 특히 인문계열 전공자가 복수전공을 이수하는 비율이 49.3퍼센트로 가장 높았다. 이공계열(25.7퍼센트) 복수전공 비율과 꽤 차이가 난다. 복수전공 분야로는 경상계열 학과를 택한 학생이 21.5퍼센트로 가장 많았다. 복수전공을 하는 가장 큰 이유는 "취업에 도움이 될 거라는 생각"이라고 답한 비율이 47퍼센트나 되니 당연한 결과일 것이다.[15]

좋은 직장, 높은 임금과 같은 기대를 외적 기대라고 한다면, 자기만족과 발전, 사회공헌 등을 내적 기대라고 한다. 대학생을 대상으로 한 어느 연구에서는 오히려 내적 기대에 대한 만족감이 더 중요하다고 답한 학생이 더 많았다. 시작은 취업일지라도 결국 내면의 성장을 달성할 수 있으니 다전공이 결코 나쁘지 않은 선택이라고 생각된다.

단, 전공별, 입학연도별 부/복수 이수 조건이 다르므로 해당 학과의 공지사항을 미리미리 확인하고 부/복수 선택 전 졸업까지의 타임 테이블을 점검해보기 바란다. 꼭 실용학문이 아니어도 인문학이나 공연, 예술 등 관심이 있고 지식을 얻어가고 싶은 전공이 있다면 대학 재학생 신분으로서 누릴 수 있는 기회를 잘 이용해야 한다. 부/복수전공 이수를 했다면 구직자로서 득이 되면 득이 되지 마이너스 요소는 절대 아니다. 다만 나의 진로 선택에 있어 큰 목적을 분명히 잊지 말고 거기에 걸맞은 스토리텔링도 함께 준비하는 것이 바람직하다.

어떤 선택을 하든 누구에게나 두려움과 망설임이 따라온다. 비단 전공뿐 아니라 인생의 모든 선택이 그러하다. 자기 선택이 100퍼센트 옳다는 맹신보다 최소 90퍼센트에 가까운 그럴싸한 선택을 하기까지 많은 것들을 알아보고 고민해야 한다. 우리는 10대에 대학 전공을 선택하기 때문에 그때의 시야로 생각보다 좁은 선택을 했을 수도 있다. 미리 겪어본 다양한 사람과 많은 이야기하고, 조사하는 것을 가볍게 여기지 말아야 한다. 그리고 지금이라도 망설임이 점점 커지고 있다면 20대는 여러분의 생각보다 아직 기회가 많은 나이이기에 적극적인 전환과 선택을 응원한다. 많은 선택과 실수를 하고, 결과에서 배우길 바란다. 여러분에게는 실수를 만회할 시간과 체력이 충분히 있다.

3

의외로 유용한 전공 선택과 진로 안내 정보들

기억에 남는 통계 하나가 있다. 수도권과 지방 주요 대학 신입생 1,100여 명에게 '대학 및 전공 결정 시점'을 물었을 때 대학을 결정하는 시기는 '입학원서 작성 때'(29.0퍼센트)가 가장 많았다는 것이다. 대학 등록 때라고 답한 학생도 무려 19.0퍼센트나 됐다는 것에 새삼 놀란 적이 있다. 설문에 답한 신입생 중 절반에 가까운(48.0퍼센트) 학생들이 대학입학 직전에서야 대학이나 전공을 선택했다.[16] 대학 입학사정관이 입학설명회를 가면 모의고사 성적표를 내밀며 점수에 맞는 학과를 추천해달라고 하는 경우도 있다고 한다.

적성 검사를 하고 진로 상담 교사와 꽤 오랫동안 이야기 나눠 진로를 결정한 고등학생 중에서도 막상 대학에 진학할 때가 되면 사회적 평판이나 취업 가능성에 무게를 두고 진로를 바꾸는 사례도 많다. '죄수의 딜레마'◆처럼 진로 탐색의 필요성을 잘 알면서도 눈앞의 입시경쟁으로 특별히 시간을 투자하기 어렵다. 우리나라 대입 전형의 구조상 고교생들에게는 수시 준비나 수능을 대비한 학습만이 최우선일 수밖에 없다. 여기서 발생하는 다양한 부작용들을 잘 알면서도 손 놓고 있는 상황이 안타까워 이렇게 우리가 이 책을 집필하고 있는 것이기도 하다.

대학 전공 지식이 진로의 모든 것을 결정하는 것은 아니지만 인생의 첫 전환기 중 4년 이상의 시간과 공을 들여야 하는 대학 생활과 전공 학습은 크든 작든 앞으로 여러분을 설명하는 한 기준이 될 것이다. 따라서 대학의 전공은 단순히 학문과 지식의 선택이 아니라 졸업 후 진로와 연결되어 자신의 능력의 기반을 다지는 시기가 되어야 한다. 이 시작점이 되는 곳에서 본인의 적성, 자질, 흥미 등 내적 동기를 제쳐두고 사회적 평판이나 교사나 부모님의 의견, 취업 가능성 등과 같은 외적 동기만을 염두에 두면 이 둘의 불균형으로 인한 마찰음이 언젠가 터지기 마련이다.

교육계에서도 이에 대해 그동안 많은 고민을 해왔다. 특히 2023년 들어서 시대에 필요한 융합형 인재를 양성하고자 전공, 학

♦ 죄수의 딜레마: 경제학, 심리학, 국제 정치학 등 다양한 방면에 활용되고 있는 개념으로 두 사람의 협력적인 선택이 둘 모두에게 최선의 선택임에도 불구하고 자신의 이익만을 고려한 선택으로 인해 자신뿐만 아니라 상대방에게도 나쁜 결과를 야기하는 현상.

과 간 '벽 허물기'에 대한 규제를 해소하려는 움직임을 적극적으로 추진하고 있다. 무 전공 모집, 자유 전공과 융합학부, 학생설계 전공제도 등에 대한 지원을 아끼지 않겠다는 것이다. 이 같은 통합모집은 서울대를 비롯해 서울 주요 대학이 이미 진행하고 있거나 추진하고 있는 선발 방식이다.

필자가 속한 홍익대학교는 서울과 세종캠퍼스에서 각각 540여 명과 400여 명의 자율전공 학생을 선발하고 있으며, 바이오 헬스, 데이터 사이언스 등 다양한 분야의 융합 전공을 운영하고 있다. 서울대는 자율전공학부 형태로 130여 명을 선발한 뒤 2학년 때 전공을 선택하도록 하고 있으며, 성균관대는 글로벌융합학부로 50여 명을 선발해 2학년 때 학과를 선택하도록 하고 있다. 카이스트 KAIST, 포항공대 POSTECH는 학생 전원을 '자유 전공'으로 선발하고 있다. 다만 자유전공학부의 경우 처음 취지와 다르게 취업에 유리한 특정 전공으로 쏠림 현상이 일어나는 것을 우려하는 의견도 있다. 이미 90년대 후반 '선 입학 후 전공선택제'라는 이름으로, 적성을 고려하지 않은 진학으로 인한 부작용을 막아보고자 하는 시도가 있었으나 취업 경쟁력이 약하다는 이유로 도태되는 학과가 있을 것이라는 반발로 몇몇 대학만 시범적으로 운영하다가 폐지된 경험이 있다.

현재 일어나고 있는 이러한 움직임을 함께 염두에 두면서 지금 우리가 속한 전통적인 기준의 학과 전공과 진로에 대한 이해도 또한 높일 필요가 있다. 진학 직전 선생님과 부모님의 권유로 전공을 선택했다면, 당장 학기마다 수강 신청조차 동기나 선배를 따라 하기 바쁘다면, 졸업학점 채우는 것만이 목표였다면 여기서 우리와 함께 전공 학습과 이어지는 직업과 진로에 대해서 여러 방면으로 간략하게라도 한 번만 들여다보자.

앞서 1장에서 강조했던 바와 같이 직업은 진로를 만들어가는 하나의 마디이자, 인생의 수많은 선택 중 하나이다. 직업이 모든 것은 아니고, 한 번의 선택이 끝인 것도 아니지만 나의 일상을 채울 직업을 통하여 달성하는 인생의 많은 주요 지표들이 무시할 수 없는 것들이기에 신중하게 고민하고 각자의 일에 성실히 임하는 태도는 매우 중요하다. 이를 위해 대학 전공 선택에서 시작되는 진로의 많은 갈래를 미리 접하고, 이해하며, 대비할 필요가 있다.

한국고용정보원에서는 생각보다 세밀한 전공과 진로에 대한 정보를 제공한다. '워크넷'의 직업과 진로 관련 페이지에 들어가면 대학 학과별 소개에서 학문에 대한 개괄적 소개와 해당 학과에서 필요로 하는 적성 및 흥미, 학과에서 주로 배우는 교과목과 학과공부를 통해 취득할 수 있는 자격이나 면허까지 확인할 수 있다. 진출 가능 직업을 포함한 진로 가이드 역시 전공별로 세분화해서 제공한다.

교육부에서 운영하는 '커리어넷'에서는 학과, 직업 정보와 더불어 학과 교원의 인터뷰, 학과+직업 매트릭스가 제공되니 함께 참고하면 좋겠다. '커리어넷'에서는 또한 대학생을 위한 진로목표 달성을 위해 필요한 사항들에 대한 준비 정도를 알아볼 수 있는 진로개발 준비도 검사, 직업과 관련된 특정 능력에 대해 스스로의 자신감 정보를 알아볼 수 있는 주요 능력 효능감 검사, 대학의 이공계 내 세부 전공별 적합도를 알아볼 수 있는 이공계 전공 적합도 검사, 직업과 관련된 다양한 가치 중, 어떤 가치를 주요하게 만족시키고 싶은지 알아볼 수 있는 직업 가치관 검사 등 진로 탐색 심리검사를 온라인으로 제공한다. 교내 학생 상담 부서나 취업 관련 부서 문을 두드리기 부담스러운 학생이라면 이를 적극 활용해 보기 바란다.

또한 '워크넷'의 진출 직업 안내에서는 직업별 업무 내용 요약뿐만 아니라 교육/자격/훈련 사항, 임금/직업만족도/전망, 해당 직업 수행을 위한 주요 성격/흥미/가치관 등 세부 정보를 제공하고 업무수행 능력, 관련 지식 등 국가 직무표준과의 연계 정보 역시 함께 제공하니 시간 날 때마다 틈틈이 학과와 직업을 열람해보면 진로와 직업의 가시화, 수치화에 많은 도움이 될 것이다.

4

놀기에도 시간이 부족하다고?

도전이 두려운 1, 2학년에게

군대를 마치고 막 복학한 2학년 1학기 학생이 교내 봉사장학생 아르바이트 면접을 위해 찾아왔다. 첫눈에도 야무지고 다부져 보인 그 학생은 면접을 거뜬히 통과해서 졸업까지 여섯 학기를 우리 부서에서 함께 했다. 2학년부터 학점은 꽉꽉 채워 듣고, 공강 시간이면 본인이 근무하는 시간이 아닌 데도 부서 회의실 책상에서 과제를 해가며 일손이 부족할 때면 앞장서서 일하는 모습을 보며 누가 봐도 함께 일하고 싶은 사람이라고 늘 생각했다. 그러면서도 이렇게 일하다 졸업하고, 취업하면 언제 여유를 누릴까 안타까운 마음이 든 적도 한두 번이 아니다. 역시나 '칼졸업' 후 바로 기업에서 일하기 시작한 그 친구가 직장 생활 2년 차쯤 찾아와 "학생 때 놀 걸

그랬어요"라고 쓴웃음을 짓는 모습을 보며 "그때 놀았어도 더 놀고 싶을 거야"라고 위로 아닌 위로를 한 일이 있다.

대학 1, 2학년 학생이 교내 근로장학생 제도의 장점을 알고, 신청하고, 잘 활용하는 것은 흔하지 않은 경우다. 그래서 더 기억에 남는 학생이다. 수험생활의 해방감이 미처 가시지 않았을 때는 강의만으로도 학교생활은 충분하다고 생각하는 학생들이 더 많을 것이다. 그래서 위와 같은 득도한 현자 같은 저학년 학생이 더 인상 깊었나 보다. 재미있는 것은 대학 교직원 생활 10년 동안 적지 않은 학생들을 만났지만 대부분은 신입생 시절을 어떻게 보냈든 만

woulda shoulda coulda...

족스러워하지 않는다는 사실이다. 더 놀 걸, 더 만날 걸, 차라리 더 공부할 걸……. 그러니 학생들에게 해주고 싶은 말은 "놀아도 후회, 놀지 않아도 후회라면 이왕이면 잘 놀아봐"라는 말이다.

그런데 노는 것도 요령이 필요하다. 우선 가장 중요한 것은 많이 경험하는 것이다. 수험생 시절은 의자에서 엉덩이 뗄 시간이 없어야 할 만큼 '순공시간'이 중요하기에 하루 일과가 단조롭기 마련이다. 그 시간의 해방감을 부디 엉뚱한 데 낭비하지 말고 이번 학기에는, 이번 방학에는 이것만큼은 해야겠다는 목표 한 가지씩은 꼭 세워 경험해보길 권한다. 교내외 동아리나 소모임 활동, 아르바이트, 여행, 연애, 다이어트, 한 번도 배워보지 않은 외국어 공부나 악기 수업, 뭐든 좋다. 대학생 버전의 진로 포트폴리오를 구성하는 데 있어 데이터베이스를 수집한다고 생각하면 쉽겠다. 나중에 쓸모가 있을지 없을지, 시간 낭비가 아닌지 걱정하지 말고 순수하게 내가 하고 싶었던 무언가에 꾸준히 도전한다면 내면의 장벽이 하나쯤은 허물어지고 그 너머에 또 다른 무언가가 보일 것이라 확신한다.

시간·금전의 제약으로 도전 자체를 망설이고 있다면 온-오프라인의 소소한 챌린지를 활용해봐도 좋겠다. 앱스토어만 보아도 챌린저스, 루티너리, 꾸주니 등 다양한 습관 만들기 앱이 검색되는데 앞서 강조했던 '리추얼'을 내재화하는 일환으로 시도해보길 권한다. 운동, 독서, 필사, 요리 등 카테고리를 다양하게 둘러보고, 조금이라도 관심이 가는 화제에 지금 바로 딱 하나씩만 도전해보자. 그리고 이왕 시작한 활동이라면 어떠한 형태로든 기록을 남기는 것이 좋다. 특히 나의 진로 키워드를 아직 찾지 못한 학생이라면 일단 경험의 기록을 모아보자. 휴대전화 메모장의 한 줄 일기도 좋다. 특별한 목적 없는 브이로그라도 일단 모이면 방향이나 색깔이 보일 것이다. 자소서가 자소설이 되는 것도 예방할 수 있겠다.

중요한 건 꾸준히 하는 것이다. 학기나 방학의 일정 기간을 계획으로 잡고, 그동안 성취하고 싶은 놀기 목표 하나씩만 잡아보자. "노는 걸 어떻게 기록해요?"라고 묻는다면 기록을 위해서라도 잘 놀라고 다시 한 번 강조하고 싶다. 매일 같은 사람들과 만나 뱅글뱅글 돌고 도는 주제의 이야기를 나누고 커피나 술을 마시는 것으로 끝나는 시간이라면 과연 잘 놀고 있는 것일까 진지하게 성찰할 필요가 있다.

학생들을 볼 때 안타까운 점 중 하나는 무언가 도전을 하느라 발생하거나 포기해야 하는 것들, 즉 기회비용에 대한 생각이 너무 많은 나머지 실행에 옮기지 못하는 점이다. 사람이라면 처음부터 서투르지 않고 능숙해지고 싶어 하고, 낯선 환경에 처하는 것을 꺼리며, 예측하기 어려운 미래를 두려워하기 마련이다. 이 두려움에 나도 모르는 사이에 압도되어 "대학생은 놀기에도 시간이 부족하다"는 말을 앞세워 늘 향하는 목적지로만 향하고, 습관적인 생활 패턴을 버리기 어려워한다면 결국 남는 건 무엇일지 본인이 잘 알 것이다.

　미국의 신경의학자이자 신경과학자, 과학 전문 작가인 엘리에 저 스턴버그는 저서 『뇌가 지어낸 모든 세계』에서 우리의 뇌는 우리를 보호하기 위해 우리가 보고, 듣고, 느낀 것 중 핵심특징만 골라내 재조합하여 적절한 이야기를 지어낸다고 했다. 우리는 지금 도전에 대한 두려움으로 자신을 기만하고 있는 건 아닐까?

중심은 잡아야 한다

잘 노는 두 번째 방법은 선배, 동기에게 부화뇌동하지 말고 자신의 중심을 갖는 것이다. 중고등학교 역시 그렇겠지만 대학 생활은 본인이 원하든, 원하지 않든 다양한 단체 활동을 하게 된다. 신입생이 등록을 마치는 2월에는 예비대학부터 새내기 배움터라 부르는 오리엔테이션ᴼᵀ 등과 같이 학교나 학생회가 주체가 되어 신입생을 소집했고, 3월부터는 교내외 각종 동아리, 소모임, 동문회, 강의마다 조별과제 등을 중심으로 여러 사람을 만났을 것이다. 그러다 보니 코로나 사태로 일정 정도 인간관계의 단절을 겪은 학생들의 고민이 깊어졌다. 인터넷서점 예스24의 집계 결과 '인간관계' 분야

도서는 2019년 판매가 감소하다가 2020년 37.9퍼센트라는 급격한 증가율을 보였고, 2022년까지 3년간 꾸준한 성장세를 보였다. 특히 2030 독자들의 호응이 두드러졌다.[17]

중고등학교와 달리 대학 생활에서는 엄청난 자율권이 주어진다. 수강 신청부터 동아리, 소모임 등 활동이나 아르바이트, 연애까지 성인으로서 삶의 과제를 직면하고 다양한 선택을 할 수 있고 그에 따른 책임을 지게 된다. 여기서 만나게 되는 사람들은 분명 이전의 학교생활에서 1년간 함께 하며, 매일 일정한 시간을 반쯤은 강제적으로 만났던 이들과 분명 다르다. 아마도 위의 나열된 여러 행사와 단체활동을 겪으며 선배들로부터 "대학 생활은 고등학교와 다르다", "선후배 관계가 공부보다 중요하다", "먼저 다가가지 않으면 친구 사귀기 힘들 것이다" 류의 조언들을 들어본 사람들이 적지 않을 것이다. 이런 말들을 반복해 들으며 신입생들은 '인간관계'나 '인맥' 형성을 대학 생활의 최우선 목표로 두고 생각하게 되기도 한다.

그런 학생들은 많은 문제와 마주하게 될 가능성이 크다. 관계 형성 자체의 어려움, 크고 작은 갈등과 대립, 그로 인한 다양한 정서적 문제-분노, 배신감, 우울, 열등감, 불안감, 고립감 등-가 그것이다. 우리가 소속된 대학 역시 많은 학생이 이런 고민을 안고 상담센터의 문을 두드리고 있고 다양한 개별/집단 상담, 워크숍이나 세

미나를 실시하고 있다.

　필자에게 가볍게 상담을 청했던 한 학생은 사실 인간관계를 그렇게 열심히 강조하는 선배들도 결국 본인보다 2, 3년 먼저 대학 생활을 겪었을 뿐이고, 그들도 진로와 취업의 고민을 안고 멘토를 찾아 헤매는 중일 텐데 그들의 조언이 그렇게 무겁게 다가온다는 것이 참 아이러니하다고 했다. 분위기에 휩쓸려, '아싸'가 될까 두려워 결정한 선택은 결국 언젠가 '이자'가 붙은 고민으로 나타나게 된다. 단조로운 수험생활을 지나오며 자기 자신을 들여다볼 시간이 없었던 이들은 결국 본인의 중심을 잃고 이런 '알면서도 해결하기 어려운' 문제에 반복적으로 부딪히게 되는 것이다.

　2019년 《대학내일》20대연구소가 내놓은 '2000년생 대학 생활 탐구 보고서'에 따르면 동기·선후배와의 인간관계가 중요하지 않다고 응답한 19학번 대학생 비율이 50.7퍼센트에 이르렀다. 20년 전 99학번을 상대로 실시된 같은 조사에선 33.3퍼센트였던 것과 비교하면 17퍼센트포인트 이상 늘어났다.[18] 지금 같은 조사를 실시하면 5년 전보다도 부정적 답변이 훨씬 더 늘어났을 가능성이 커 보인다.

　공자는 논어에서 "군자는 화이부동和而不同하고 소인은 동이불화同而不和한다"고 했다. '화이부동'은 화합하되 붙어 다니지 않는다, 또는 휩쓸리지 않는다는 뜻이나. 반대로 '동이불화'는 겉으로는 같

은 생각을 지닌 것 같이 보이나 실은 화합되지 않는 것으로 경계해
야 할 태도이다. 조화를 추구하되 각자의 다양성을 존중하는 것이
'화이부동'이다. 2,000여 년 전에도 줏대 없이 남을 따르지 않기를
강조했던 것이다. 논어에서 강조했던 또 다른 태도는 '중오필찰 중

호필찰惡惡必察 衆好必察'이다. 사람들이 싫어하거나, 좋아하는 것은 무조건 따를 것이 아니라 그 내용과 까닭을 살피라는 뜻이다.

마지막으로 짧게 덧붙이자면 부디 학점을 우습게 여기지 말기를 바란다. 너무나 당연한 말이지만 학점 관리는 공부라는 학생의 기본적인 태도의 가시적 계량화인 동시에 나의 위치에서 내가 해야 할 일을 최선을 다했다는 증거이기도 하다. 교직원의 입장에서 학점은 모든 학내 활동의 기본 베이스라고 생각된다. 교내 성적장학금은 물론이고 봉사 장학금, 공로 장학금과 외부 재단이나 기업의 장학금 대상자를 추천할 때 학생으로서 최선을 다했는가를 보여주는 학점을 먼저 본다. "내가 곧 할 것이라고 말하는 것이 아니라 내가 지금 하고 있는 일이 바로 나 자신"이라는 말처럼 과거나 미래가 아닌 현재를 살기 바란다. 미래를 소중히 여긴다면 지금 놀아도 '잘 노는 법'을 터득해야 한다는 이야기이다.

5

전공 공부하는 시간이 아깝다고?

아마도 이 책의 독자 대부분은 학사나 전문학사 과정을 밟고 있는 학생들일 것으로 짐작된다. 현장에서 지켜본 대학 생활의 패턴을 적어보자면 신입생 1년을 교양 과목 이수와 다양한 단체생활로 정신없이 보내고 2학년이 된 학생들 중 다수가 만 20살, '성년의 날' 즈음 꽃다발과 함께 '대 2병'을 맞이한다. 한 설문조사에서 대학생의 64.6퍼센트가 '대2병 상태'라고 답한 것으로 보아 결코 일부만의 가벼운 문제는 아닌 듯하다.[19]

2017년 SBS에서 방영된 〈대2병, 학교를 묻다〉에서 이 '대2병'에 대해 신랄하게 묘사했다. '대2병 환자'들은 대학에 들어와서야 뒤늦게 시작된 '나는 누구인가', '앞으로 어떻게 살 것인가'에 대한 고민으로 방황한다. 그 결과 무기력증과 우울증을 호소하며 자존감, 자신감을 잃어간다.

1학년 신입생 시절 자유와 해방감을 열심히 즐기다가, 2학년이 되어 심화된 전공 공부에 본격적으로 맞닥뜨리게 되면서 많은 이들이 당황하기 시작한다. 막연히 상상했던 전공 분야와 어쩌면 너무나 동떨어진 심화된 내용이 등장하며 '나의 선택이 맞는 걸까, 나의 미래는 어디로 가는 걸까'하는 고민에 빠지는 것이다. 더 큰 문제는 이렇게 중요한 선택에 대한 고민을 20대가 되어서야 처음으로 마주한다는 것이다. 암기를 반복하며 공부하는 로봇이 된 수험생들이 스스로 사고하는 힘과 비판하는 힘을 잃어버렸기 때문이다.

　　《한국경제신문》에서 제시한 대2병 자가진단 테스트 문항은 아래와 같다.

- 진로에 대해 끊임없이 고민하지만 답을 찾지 못한다.
- 휴학이나 워킹홀리데이, 자퇴를 고민한다.
- 아무것도 하고 있지 않아 불안하지만 의욕도 없고 막막하다.
- 고등학생을 보며 '저 때가 좋았지'라는 생각을 자주 한다.
- 주위 사람과 나의 스펙을 비교하며 자괴감에 빠진다.
- '흙수저' '헬조선'이라는 신조어에 공감한다.
- '그냥 다 포기해버리고 싶다'는 생각을 자주 한다.
- 쉬는 날엔 종일 잠만 자다가 하루를 다 보낸다.
- SNS를 하며 타인의 반응에 의존하며 반응이 없으면 내 존지감에

대한 회의감이 든다.

※4개 이상 해당되는 경우 대2병 의심 [20]

그렇게 혼돈의 2학년을 보내고 3, 4학년에 이르러서 자신의 전공에 대한 회의감이 깊어져 강의시간마저 아까워하는 학생들을 종종 마주하곤 한다. 대학 학부에서 학습하는 수준은 학문적인 시각에서 볼 때 사실 매우 기초적인 지식이라고 할 수 있다. 인터넷에 떠도는 농담처럼 학사는 "들은 것은 있으나 설명할 수 없는 상태" 정도의 지식을 가지고 졸업할 가능성이 크다. 학교와 학점을 보지 않는 블라인드 채용이 늘어가는 추세이긴 하나 대졸자의 임금이 100일 때 대학원 졸업자의 임금은 143.7이라는 통계[21]처럼 고학력일수록 임금수준이 높아지는 것은 부정할 수 없는 사실이다. 아직 많은 기업이 서류지원 단계에서 학교와 학점을 입력하도록 하는 것 역시 현실이다.

인크루트에서 실시한 설문조사에 따르면 블라인드 채용을 도입하지 않은 기업이 70퍼센트에 달했다. 이들 기업의 입장에서는 이런 정보들이 지원자의 입시부터 대학 생활까지 이어진 태도에 대한 반영이기 때문에 성실히 업무에 임할 확률이 조금이라도 더 있는 지원자를 선발할 수밖에 없다는 설명이다.[22]

이렇게 전공과 그 성적은 여러분을 설명하는 한 줄이 이미 되

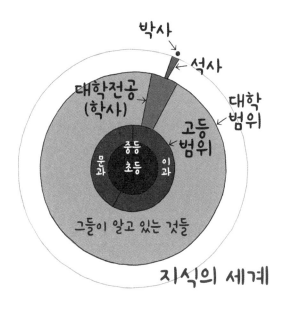

어버렸다. 진로 로드맵을 그리는 데 전공만이 유일한 요소는 아니지만 여러분을 평가하는 데 있어 전공은 빠지지 않는 잣대가 된다. 전공을 살리지 않고 취업을 준비하더라도 "왜 전공과 무관한 직무에 지원했는지"란 질문을 들을 가능성이 크다.

전공에 대한 회의감에 젖어있는 여러분의 앞에는 몇 가지 선택이 있다. 많은 학생이 막연히 인지하고 있는 선택지들을 구체적으로 나열해보겠다.

[Case 1] 먼저 재입시, 전과로 전공을 다시 선택하거나 부/복수전공을 이수할 수도 있다. 다시 한번 선택의 순간이다. 앞에서부터

강조했다시피 자기 흥미와 적성, 목표 등 본인에 대한 이해가 떨어지면 선택의 결과는 알다시피 뻔하다.

[Case 2] 혹은 현재 전공을 학위 취득에만 의미를 두고 이에 상응하는 또 다른 프로필을 준비할 수도 있다. 몇몇 특수한 전공을 제외하고는 보통의 인문사회·자연공학 계열 학생이라면 전공 수업을 교양 지식을 쌓는 정도의 의미로 두고 자신만의 길을 찾아 나설 수 있겠다. 다만 그것이 현재에 대한 도피가 아니어야 한다. 재입시나 전과가 문제의 답이 아닌 것처럼 두 번 다시 돌아오지 않을 대학 시절을 소중히 여기기 바란다. 또 다른 길을 찾아 나섰다면 여러분을 잘 표현할 수 있는 경험을 쌓고, 도피가 아닌 적극적인 선택이었다는 걸 증명할 수 있어야 한다. 스토리는 스펙을 이긴다는 어느 인사 관리자의 말을 허투루 듣지 말라.

[Case 3] 고용노동부가 발표한 '2015~2025 대학 전공 계열별 인력 수급 전망'에 따르면 전공과 직업의 일치 정도를 수치화한 '정합성'이 가장 높은 전공은 의약 계열(75.2퍼센트)로 조사됐다. 보건, 의료, 디자인 등은 학부 경험이 직업까지 이어지는 대표적인 전공이다. 이런 경우 학부에서 배운 전공 지식이 현장에서까지 쓰일 수밖에 없다.[23] 각 전공의 교과과정 구성에는 많은 전문가의 시간과 노력이 담겨 있으니 전공 수업에 충실하길 바란다. 하지만 정합성이 높은 만큼 졸업 후 진로가 어느 정도 정해져 있어 전공에 회의

적인 학생은 그만큼 고민이 더 깊을 것이다. 이 역시 자기 목소리에 귀 기울인 것인지 구체적으로 생각해보고 판단해보자.

[Case 4] 마지막으로 대부분 학생에게 하고 싶은 말은 끝까지 최선을 다해 본인의 전공을 이수하라는 것이다. 단순히 전공과 직업을 동일선의 연장이라고 볼 것이 아니라 전공에서 파생되는 분야, 사회 변화 속에서 파생되는 다양한 직업에 대한 끊임없는 관심이 필요하다. 인문학적 지식과 교양을 지닌 프로그래머에 대한 수요가 늘어나고 있듯 전공의 경계가 허물어지고 있는 것이 오늘의 현실이다. 기존의 직업 구조 안에 갇혀 사고하지 않도록 끊임없이 뉴스를 접하고, 다양한 사람들과 이야기 나누고, 편식 없는 독서를 하는 등 자신의 경계를 넓히도록 하자.

6

조기 졸업과 휴학, 그리고 졸업 유예 사이에서

중간고사가 끝나가면서 쉴 새 없이 돌아가던 복사기와 시험 시간, 장소를 묻는 전화가 뜸해져 조금씩 여유를 찾던 어느 가을날, 행정실로 걸려온 한 통의 전화 너머로 나이 지긋하신 어머니의 목소리가 들렸다. 자녀가 분명 올여름 졸업인 것으로 알고 있었는데 여름 후로 지방에 거주 중인 부모님께 연락도 자주 하지 않더니, 자취방을 빼고 내려와 부모님과 살며 취업 준비도 차일피일 미루기만 한다는 것이다. 그러면서 학위증도, 졸업증서도 가져온 적이 없으니 졸업한 게 맞는지 의심스럽다며 졸업 여부를 확인해달라셨다.

아무리 부모님이어도 자녀의 동의 없이 개인정보를 확인하는 것은 불가능한 것이라 결국 원하는 답변을 해드릴 수 없었기에 자녀를 믿고 기다려 보시라고 한 후 전화를 끊고는 혹시나 해서 열람해본 학적부에는 그 학생은 아직도 재학생 신분이었던 기억이 있다.

한 설문조사에서 우리나라 대학생의 36.9퍼센트가 "졸업을 연기할 것"이라 답했고, 6.7퍼센트는 "조기 졸업할 것"이라고 밝혔다. 10명 중 약 4명은 '대학교 5학년'을 고려하고 있다는 의미다. 특히 대학교 4학년에 이르면 2명 중 한 명꼴인 47.5퍼센트의 학생이 졸업 연기를 고려한다. 그 이유로는 "취업에 유리할 것 같아서"(20.3퍼센트)와 "학비 등 경제적 여건 때문"(18.6퍼센트)이 가장 많다.[24]

필자의 학교를 예로 들어보면 경영대학의 경우 전공, 교양의 각종 조건을 만족하며 (일반선택 포함) 총 132학점을 이수해야 졸업이 가능한데, 8학기 4년 동안 수업을 듣는다면 학기 당 약 17학점을 이수해야 하는 상황이다. 여기에 부/복수전공을 한다면 총 이수 학점이 20~50학점이 늘어나고, 수업만으로도 상당히 분주한 학교생활이 될 것이다. 더구나 아르바이트나 대외 활동이 더해지면 계절학기 수업을 듣지 않는 이상 '대학교 5학년'을 택하는 현실이 자연스레 이해가 간다. 어머니 마음을 애태웠던 앞의 학생도 그만의 사연이 있었을 것이라 조심스레 짐작해본다.

'살아있는 화석' 같은 고학번 선배들을 보며 '나는 저러지 말아야지'하는 마음에 학점을 최대치로 꽉꽉 채워 들어가며 힘겨워하는 학생을 자주 보았다. 반대로 7학기 만에 전 학년의 과정을 이수하고, 평균 평점도 우수하게 유지해서 조기 졸업을 하는 학생도 있다. 반대로 한 주에 20여 시간의 강의를 듣고, 그에 따르는 리포트나 조별 과제, 실습을 해내고 나면 방전되는 학생들도 많다. 즉, 사람마다 에너지는 다르니 쉼표가 필요한 사람이라면 조금 템포를 느리게 해도 괜찮다고 말해주고 싶다.

조금 다른 시기의 이야기이지만 해외의 경우 고등학교 졸업 후 대학 생활을 시작하기 전 갭이어Gap Year를 갖는 학생들도 적지 않다. 사회적 기업인 한국갭이어는 싱가포르에서 몸과 마음에 상처 입은 희귀 야생동물 구조 봉사활동 하기, 이탈리아 피렌체에서 귀금속 세공을 배우며 잡 트레이닝 하기 등과 같은 다양하고 특이한 프로젝트를 제안한다. 전 미국 대통령 오바마의 딸 말리아가 하버드 입학 전 갭이어를 가진 것이 알려지며 우리나라에서도 이 생소한 개념을 접한 사람들이 늘었다. 영국의 윌리엄·해리 왕자도, 영화배우 엠마 왓슨도 갭이어를 가지며 인생의 방향성을 얻었다고 한다.

앞만 보고 달려온 입시의 끝에 자기를 보다 잘 알고자 하는 목적을 가지고 여러 경험을 하자는 것이 갭이어의 취지인데 이를 바라보는 우리나라 사람들의 마음은 조금 더 복잡하다. 세대를 불문하고 어떤 고민이든 일단 대학 간 후에 하라고 몰아대는 우리나라 정서상 마라톤 풀 코스를 열심히 달린 후 갑자기 누워서 하늘을 보라니 오히려 더 그 시간을 어려워하는 학생들이 많은 것 같다. 다만

우리가 여기서 하고 싶은 말은 '대학교 5학년'이든, 대학입학 전의 고등학생이든, 또 매일 매일 직업의 현장에서 애쓰고 있는 누구든 삶의 다른 단계로 넘어갈 때에는 전력 질주가 아니라 쉼표가 반드시 필요하다는 것이다.

기대수명은 점점 늘어나 70년 전보다 2배 가까이 되는 바람에 상대적으로 짧은 교육 기간 이후의 시간이 인생의 대부분을 차지하게 되었다. 평생직업은 점차 사라지고 '인생 2모작', '3모작'이라는 말이 결코 낯설게 느껴지지 않는 오늘이다.

영국의 심리학자 교수인 린다 그랜튼 박사는 『100세 인생』에서 전통적인 삶은 교육-직업-퇴직의 3단계를 밟았으나 앞으로는 '다단계의 삶의 방식'이 필요하다고 주장했다. 이는 사는 동안 두세 개의 다른 직업을 갖고, 휴식과 과도기를 활용하면서 필요할 경우 재교육을 받으며, 은퇴 후의 60~70대를 "수십 년 쌓아 온 지식과 경험을 마음껏 써먹을 수 있는" 전성기로 만드는 삶이다. 이를 위해서는 유형자산-부동산, 예금 등-과 무형자산의 균형이 꼭 필요하다고도 했다. 그랜튼 교수가 말하는 무형자산은 생산 자산(기술, 지식, 명성, 직업적 네트워크), 활력 자산(심신 건강, 우정, 긍정적인 가족 관계, 파트너십), 변형 자산(자기 인식, 다양한 네트워크에 대한 접근 능력, 새로운 경험에 대한 개방적인 태도)이다.

어떤가? 퇴직을 앞둔 부모님 연배가 아니어도 진로 고민을 안고 이 책을 마주하고 있는 우리 학생들에게도 정확히 필요한 것들이 아닌가! 관건은 앞으로의 생애 중 계속 일을 하기 위해서는 과도기, 즉 무형자산을 늘리는 과정을 계속해야 한다는 것이다. 이것은 '대학교 5학년'을 고려하고 있는 학생들에게 꼭 들려주고 싶은 말이다. 학생의 신분으로 학교의 다양한 시스템을 이용할 수 있는 장점을 최대한 살리되, 단순히 어학 점수를 높이고, 취업을 위한 자격증을 하나 더 따는 것만 목표로 삼을 것이 아니라 자신을 탐색하고, 건강을 관리하며 무형자산을 쌓아야 한다.

우리나라에서도 이 무형자산을 늘리는 과도기, 즉 쉼표의 중요성에 대한 인식이 점점 커지고 있다. 케이무크(K-MOOC·MOOC 는 Massive, Open, Online, Course의 줄임말로 오픈 형 온라인 학습 과정을 뜻함)로 온라인 기반 평생학습이 가능하고, 광주광역시와 경기도에서는 2023년 청년 갭이어 프로그램 참가자를 모집해 지원했다. '한국형 미네르바대학'을 표방하는 태재대학이 마찬가지로 2023년 개교하기도 했다. 민간에도 크몽이나 클래스101 같은 다양한 온라인 기반 평생학습 플랫폼들이 인기를 끌고 있다. 이런 생산 자산을 만드는 각종 교육뿐만 아니라 심신의 건강을 단련하는 '갓생' 루틴들이 주목을 끌고, '오운완'하는 사람들이 많아지고 있다. 직장인 사이에서도 이직, 전직 사이의 안식월, 안식년을 갖는 것이 점점 어색하지 않게 느껴진다. 낮아진 출산율의 영향이 크지만 육아 휴직이나 가족 돌봄 휴가를 사용하는 것이 예전보다는 조금은 수월해지는 추세이다. 가족과의 시간을 늘리고, 활력 자산을 비축하는 좋은 예이다.

한 가지 안타까운 점은 이렇게 달라지고 있는 사회적 인식과 정서를 기업이 아직 따라가지 못하고 있다는 점이다. 한국직업능력개발원이 매출액 상위 500대 기업 중 100개 기업 인사 담당자 100명을 조사한 결과를 분석하여 발행한 〈한국의 청년 채용시장 분석 보고서〉에 따르면 서류 전형 합격자를 선발할 때 가장 중요하게 평가하는 것은 '최종학교 졸업 시점'이었다. 100점 만점을 중요

도 순으로 나눴을 때 가장 큰 19.6점을 차지했다. 또, 졸업예정자와
졸업 후 1년 이내인 경우의 선호도는 유사하나 졸업 3년 이후의 선
호도는 급감하는 것으로 나타나 졸업 후의 긴 공백이 길수록 그에
따른 설명이 필요하다는 사실을 보여줬다.[25]

종합적으로 볼 때 졸업 시점, 졸업 평점, 전공의 직무 적합성, 출신대학 중 어느 하나라도 좋지 않을 경우 500대 대기업에 취업할 가능성이 극히 낮은 것으로 나타났으며. 4년제 대졸자 채용 시 졸업 시점을 중시하는 기업의 경향이 졸업 유예의 폐단을 낳고 있는 것도 문제점으로 지적됐다. 이러한 현실적인 문제를 두고 학생들에게만 탐색과 변화를 꾀하라 말하는 건 눈 가리고 아웅하는 꼴이다. 전통적인 '3단계 삶(교육-직업-퇴직)' 안에 갇힌 채로 연공서열로 나이를 따지고, 승진, 근속 포상, 퇴직 연금을 미끼로 하는 유형자산만이 핵심적이라고 생각한다면 그 기업 역시 우수한 인력 채용을 위한 경쟁에서 도태되고 말 것이다.

(7)

진로와 취업 고민을 덜어주는 도우미들

"1학년은 취업 준비를 어떻게 해야 하나요?", "2학년 여름방학엔 뭘 하면 좋을까요?", "3학년 2학기까지 토익을 따놓지 않으면 후회할까요?", "4학년 막학기(마지막 학기)인데 제게 맞는 직무를 아직도 모르겠어요."

학교에서 학생들을 마주하다 보면 학년별로 고민이 다양하기도 하지만 가만히 들여다보면 적절한 때와, 언제 무엇을 해야 할지 헤매는 공통점이 있다.

진로 고민과 취업 준비의 적기適期를 묻는 학생들에게 속 시원한 대답을 해주는 것은 항상 어렵다. 과연 적절한 때란 대체 언제일까? 다른 친구들은 다 하고 있는데, 혹은 선배를 보면 지금쯤 이걸 해야 하는 것 같은데, 부모님이 더 늦으면 힘들 거라고 하시는데……

사실 특정 사안에 대해 대다수의 사람이 진실이라고 여기는 무의식적인 믿음은 '합의 현실'이다. 부모가 자식을 사랑하는 방법, 사업가로서 성공하는 방법, 남자와 여자에게 걸맞은 행동 등 우리 앞의 사건과 감정 또는 문제와 해결에 대해 특정 견해나 방법만이 옳다고 생각한다면 합의 현실에 압도되었다고 본다. 생쌀을 재촉한다고 죽이 되지 않고, 꽃이 피어야 열매를 맺는 나무가 있듯 진로 탐색과 직업 결정에 완벽한 타이밍과 방법이라는 게 과연 있을까?

아마도 상당히 심각한 얼굴로 이 책을 읽고 계신 여러분은 유년기에서 성년기로 이제 막 넘어온 '경계인'일 것으로 생각된다. 또

조심스레 추측하건대 여러분은 고등학생으로서 과거의 정체성은 약해지고, 성인인 대학생으로서 정체성은 아직 정립되지 않은 불편한 지점에 서 있을 것이다. 전통적인 부족 사회에서는 이러한 과도기를 일련의 의식, 이른바 성인식을 통해 기념하고 사회 일원으로서의 책임과 역할을 수행할 준비가 되었다는 의미를 부여했다. 일종의 경계선인 셈이다.

린다 그랜튼 박사의 저서 『100세 인생』에서 말했듯 지금의 우리에게는 이런 경계선은 없고 시작과 끝이 모호한 과도기가 반복해서 일어나고 있다. 이를 보며 불확실성에서 기인하는 두려움과 불안이 학생들의 일상을 좀먹고 있다는 생각이 들 때가 많다. 1학년 학생 중에도 입학과 동시에 취업에 대한 걱정을 함께 시작하는 경우가 적지 않고, 저학년임에도 방학 중 인턴십을 알아보며 실무 경험을 쌓고 싶어 하는 학생들도 있다. 그런가 하면 4학년 학생 중에도 스스로 만족스러운 토익 점수가 없다며 어학에 매달리거나, 막막한 나머지 "우리 학교 학생들을 잘 뽑는다"고 소문난 기업이라면 되는 대로 지원서를 내는 경우를 본다.

우선 이런 불안감, 막연함, 모호함으로 가득 찬 마음을 가라앉힐 필요가 있다. 마음의 눈을 가리는 이런 감정들은 상황에 대한 통제력만 상실하게 할 뿐 해결책을 제시해주지 못한다. 어떤 문제에 맞서 있든 예측 가능하고 통제 가능한 환경으로 만드는 것이 가장 중요하다.

우리의 생각은 몸과 뇌의 상호작용에 의해 생겨난다. 몸의 감각기관이 느낀 것을 뇌에 정보를 전달하여 생각을 만들고, 몸과 뇌는 서로 영향을 주고받는다. 따라서 불안과 부정적인 생각을 이겨내려면 행동을 먼저 바꿔보는 것이 도움이 된다. 진로와 직업 탐색에 있어 통제와 예측을 이끌 수 있는 행동의 시작으로 우선 교내 학생 상담부서와 취업 관련 부서가 어디 있는지부터 찾아보자. 취업진로 지원센터를 찾은 학생들 스스로 이 부서들을 모르는 학생이 의외로 많다고 털어놓으니 말이다.

학교 홈페이지에 들어가 이 부서들의 위치를 파악하고, 어떤 서비스를 제공하는지 안내를 천천히 읽어보자. 학생 상담부서에서는 나의 내면을 보다 면밀히 들여다보는 심리, 적성, 인성, 성격유형, 진로사고 등 검사 프로그램을 운영한다. 취업 지원 부서에서도 각종 특강이나, 1대 1 진로/취업 컨설팅, 취업 캠프, 인턴십 프로그램 등으로 학업에서 직업으로 이어지는 과정을 다각도로 지원한다.

구체적인 프로그램 안내를 살펴봤다면 그중 지금 자기 상황에서 필요한 서비스는 무엇인지 생각해본다. 이제 막 입학한 1학년 학생이라면 취업 지원부서보다는 학생 상담부서의 도움이 더 필요할 것이다. 중고등학교에서도 여러 심리검사 경험이 있겠지만 입시를 마치고, 전공을 선택한 지금의 상황에서 본인의 진로·적성 검사 중 성격, 기질, 인성에 관한 검사에 참여해 막연한 자기 이해 상황을 구체화해보자. 이것이 진로계획 수립을 위한 첫걸음이다.

혹시 자기가 '대2병'을 앓고 있다고 생각되면 통합스트레스 검사를 해보고, 상담사의 전문 해설과 면담을 통해 현재의 우울감을 낮추는 데 도움을 받을 수 있다. 적성 탐색 검사로 자신의 진로 유형과 그에 따른 진로 및 직업을 탐색해 볼 수도 있다. 취업 지원 부서에서도 직무 정보를 제공하고 직무 탐색을 지원하는 프로그램이 다양하게 운영되니 함께 찾아보는 것이 좋겠다. 직무 이해에 대한 정규 강의를 운영하는 경우도 있으니 기회가 된다면 한 번쯤 수강해보길 바란다. 자기 이해를 바탕으로 나에게 어울리는 직무나 직종을 찾는 것이 대학 생활 초반의 주요 과제가 되겠다. 행동으로 탐색하는 시간이 되어야 한다.

학년의 프레임을 벗어 내려놓고 스스로 평가 내리기에 탐색의 시간을 충실히 보냈다면 목표를 설정할 수 있으리라 생각된다. 자신의 적성, 흥미, 성격과 직무, 직종이 어느 정도 가시화되어 어렴풋이라도 보인다면 이제부터는 연결의 시간이다. 전문 자격증을 준비할 수도 있을 것이고 혹은 직무 경험을 위한 액션을 취할 수도 있겠다. 특히 취업을 염두에 둔다면 직무 경험을 다양하게 할 수 있도록 시간표를 짜 볼 필요가 있다.

2023년 채용 트렌드에 대한 한 설문조사에서는 전문 면접관

82퍼센트가 지난해에 이어 '직무 중심 채용'을 가장 큰 트렌드라고 답했다.[26] 교내 취업 지원 부서에서 실시하는 인턴십 프로그램이나 졸업생 선배 멘토링, 각 기업에서 학교를 방문해 실시하는 채용 설명회도 다양하게 접해보면 당장 취업을 눈앞에 둔 마지막 학기 학생이 아니어도 도움이 될 것이다. 특히 관심 직무에 대한 각 기업의 채용 설명회 또는 졸업생 멘토링은 한번이 아니라 여러 번 참석해 기업의 담당자나 졸업생과의 연결 고리를 만들어두자. 막상 취업을 앞두고서 졸업한 선배의 조언을 구하기 어려운 경우가 많다.

한국총경영자연맹에서 2022년 발표한 〈청년 구직자 취업 인식조사 결과〉에 따르면 청년 구직자들은 어학 점수, 자격증이나 취업 정보 획득이 어렵다기보다는 인턴십이나 실무 경험 등 기회가 부족(23.8퍼센트)해 구직 활동에 어려움을 겪고 있는 것으로 나타났다. 필자의 취업 지원 부서 근무 경험으로 보면 교내 인턴십 프로그램이 기업에서 모집하는 인턴에 비해 상대적으로 경쟁률이 낮고 지속적으로 학교와 관계를 유지하여 기본적으로 기업의 호감도가 높다.[27] 자격 요건만 된다면 한두 번 탈락에 포기하지 말고 꾸준히 문을 두드려보자. 앞서 이야기했듯 아르바이트 경험도 직무 이해에 도움이 된다.

직무 경험의 기회를 다양하게 겪었다면 이제 목표를 구체화해야 한다. NCS(국가직무능력표준)의 대분류를 참고해보자면 아래와 같다.

> 사업관리/경영 · 회계 · 사무/금융 · 보험/교육 · 자연 · 사회과학/법
> 률 · 경찰 · 소방 · 교도 · 국방/보건 · 의료/사회복지 · 종교/문화 · 예
> 술 · 디자인 · 방송/운전 · 운송/영업 판매/경비 · 청소/이용 · 숙박 ·
> 여행 · 오락 · 스포츠/음식 서비스/건설/기계/재료/화학 · 바이오/섬
> 유 · 의복/전기 · 전자/정보통신/식품 가공/인쇄 · 목재 · 가구 · 공예/
> 환경 · 에너지 · 안전/농림어업

　　이에 따른 중분류-소분류-세분류 순으로 보면 1,000개가 넘
는 직무가 있고 세분류 간 유사성이 높거나 실제 업무에서는 두세
가지 직무를 통틀어 담당하는 경우가 많으므로 시간이 날 때마다
틈틈이 세분류를 보며 흥미가 가는 분야를 찾아보자. NCS 홈페이
지에서 키워드 검색도 가능하다. 나를 대표하는 키워드를 하나씩
넣어가며 어떤 직무와 연결되는지 알아보는 것도 도움이 된다. 이
곳에서는 직무 세분류별 필요한 능력 단위와 직무 기술, 학습 모듈,
관련 자격, 직업 정보나 채용공고 조회까지 가능하다. 학년을 불문
하고, 또 공기업을 준비하는 사람이 아니어도 나와 직무의 연결에
대해 감이 잘 오지 않는다면 NCS 홈페이지부터 구석구석 꼼꼼히
들어가 보길 권한다.

NCS/학습모듈 '해외 마케팅 전략수립' 예시

실제 구직 단계에 있는 학생들은 자기 강점을 살릴 수 있는 직업은 무엇이고 기업은 어디인지 꼭 고민해보기 바란다. 이제는 더이상 '삼성 맨', 'IBM 맨' 시대가 아니다. 기업은 점점 인재들의 역량을 엮어주는 플랫폼화 되고 있다. 내가 중심이 되어 기업을 찾아야만 한다.

HR의 메가트렌드 중 하나는 조기 퇴사자의 급증이다. 대졸 신입사원이나 경력직의 1년 이내 조기 퇴사율이 40퍼센트가 넘는다는 조사도 있어 인사 담당자들도 이른바 '메가 퇴사의 시대'라고 자소自笑하고 있다. 기업 자체에서도 막연히 여러 방면으로 우수한 인재 찾는 데만 혈안이 되지 말고 이제는 "우리 기업에 맞는 인재를 찾아야 한다"는 자성의 목소리가 나오고 있다.

지원자도 목표로 하는 직무를 정했다면 지원 기업을 심도 있게 알아야 한다. 모의 면접을 진행해보면 해당 기업의 연간 매출이나 지점 수 등 공개되어 있는 정보조차 모르고 지원하는 학생들이 많아 놀라곤 한다. 지원자 중심의 연봉이나 복지만을 조사할 것이 아니라, 이 기업의 정량화 된 실적과 정성적인 비전, 미션, 과거와 현재의 이슈, 미래의 고민을 함께 생각해야 한다.

다만 우리는 결코 취업을 알선하거나, 개인별 구체적인 진로 설계를 도울 수 있는 전문가들이 아니다. 그저 이 책을 읽고 있을 여러분과 비슷한 나이의 비슷한 고민을 안고 있는 학생들을 대학 현장에서 많이 봐왔던 사람들로서, 여러분만의 어려움이 아님을 공감하며 여러분보다 몇 년 더 빨리 같은 상황을 겪은 선배로서 그 과정을 지나오고 나니 보이는 것들을 조심스레 들려주고 싶을 뿐이다. 지금 우리는 진로 컨설턴트나 취업 멘토가 아닌 여러분 마음의 중심을 찾는 동기를 부여하는 사람Motivator, Inspirer으로서 이야기를 들려주고 있다.

3부

슬기로운 대학 생활 II

- 팀플에서 인간관계, 대학원 진학까지

(1)

대학에서 공부 제대로 하기

2부에서 학과와 전공이라는 큰 덩어리의 고민에 대해 이야기했다면 3부에서는 당장 우리가 눈앞에서 마주하는 고민에 대해 이야기해 보고자 한다. 오늘의 고민에 마음이 흐려져 나무만 보고 숲을 보지 못하는 경우가 많다. 당장 눈앞의 고민이라 해서 결코 사소하지 않으며, 걱정과 우려를 부정하지 않는 것을 인정하는 것이 고민 해결의 시작이다. 고민의 이유와 나아갈 방향을 알기 위해 우리는 이고민들에 라벨링하고 카테고리화 해서 여러분께 보여주려 한다.

대학 공부 잘하는 요령은 따로 있다?

한국에서의 학창시절 중간고사, 기말고사 준비와 입시 경험으로 암기라면 자신 있었던 필자에게 대학교 1학년의 공부는 상당히 충격적이었다. 우선 무조건 암기만이 답이 아니었다. 물론 일부 전공 수업에서 학문의 역사와 인물, 기존의 지식을 외울 필요는 있었지만 모든 과목이 그런 것도, 무조건 암기만 해서 되는 것도 아니었다. 특히 수백 페이지에 이르는 방대한 전공 시적을 한 학기에 마치는 일정인 만큼 중간, 기말고사 범위는 상당하다. 이해만 한다고 저절로 암기가 되는 것도 아니요, 인자하신 교수님의 친절한 시험 범위 안내와 '족보' 없이는 난감한 경우가 많았다.

말로만 들었던 오픈북 시험도 처음 겪는 경험이었다. 중고등학교 시절 쪽지시험과 수행평가가 있을지언정 베개만 한 전공 책을 펼쳐놓고 어디에 있는지도 모를 지식에 나의 견해를 더해 완성하는 시험은 차라리 암기하는 게 나을 만큼 복잡하고 점수가 '짜기도' 했다. 그렇다고 발표나 리포트로 시험을 대체하는 과목이 마냥 편한가 하면 그것도 아니었다. 정답 없는 시험처럼 '교수님 취향 맞추기' 같은 리포트는 감히 어디에서부터 접근해야 할지 모르겠는 경우가 다반사였다. 또, 개인 발표는 조사하고 정리한 것에 비해 반도 말하지 못한 적이 많고, '팀플(팀 프로젝트, 팀별 발표)'은 '프리 라이더(무임승차자. 조별 과제에 아무 노력이나 참여를 하지 않는 사람)'를 태우고 달리며 일어나는 크고 작은 마찰까지 겹쳐 끝까지 발표만 마쳐도 다행이라 생각되는 경우가 적지 않았다.

요즘 보면 1학년은 놀아도 된다는 선배들의 말에 회의적인 학생들이 더 많다. 앞서 2부에서 지적했다시피 학점은 대학 생활에서의 성실함에 대한 척도가 되고, 교내외 장학생이나 교환학생, 캠퍼스 리쿠르팅 등 학교에서 학생을 추천해야 할 때 충족해야 할 조건이 된다. 1, 2학년때 학점을 제쳐두고 놀기에도 시간이 아깝다는 학생들은 과목 재수강이나 학기 재수강의 가능성도 더 크다. 비용과 시간이 동시에 소요되는 지점이다. 대학 생활에서 처음 마주하는 새로운 학습과 공부의 영역, 그리고 평가방식과 이에 대응하는 방법이 막막한 학생들을 위해 여기에서 필자의 경험과, 학점 관리에 능통한 학생들을 보며 깨달은 몇 가지를 적어보고자 한다.

가장 기본이 되는 자세이지만 모두가 해내지 못하는 한 가지는 강의를 빠지지 않고 듣는 것이다. 단과대학 행정실에 있다 보면 여러 이유로 만나게 되는 수백 명 중에서도 누가 봐도 훈훈하고 성실한 남녀 학생들이 유난히 눈에 띄는 경우가 있는데 그들이 수업을 들은 교수님들도 공통적으로 누구인지 알고 있는 경우가 많았다. 늘 제시간에 출석해 단정한 자세로 수업에 임하는 학생들은 군계일학처럼 보인다. 학생이 학생다울 때, 즉, 수업을 집중해서 들을 때 빛나는 것이 당연하다.

이런 이유로 수업시간에는 되도록이면 앞자리에 앉기를 함께 권한다. 코로나로 온라인 비대면 수업으로만 진행됐을 때 어려운 점 중 하나가 학생과 교수 간의 아이 콘택트와 같은 기본적인 비언어적 커뮤니케이션이 이뤄지지 않는다는 것이었다. 엔데믹으로 완화된 후에도 학생들은 여전히 비대면 수업의 습관으로 강의시간 중 교수와 또는 학생 사이의 적극적인 소통에 어려움을 겪는 경우가 많다. 일종의 심리적 저항이다.

　여기서 마음의 변화를 이끌 수 있는 행동은 바로 앞자리에 앉는 것이다. 대학은 중고등학교와 달리 정해진 교실과 정해진 자리가 없다. 한 과목이 끝나면 다른 과목 수업을 위해 이동하기도 해야 한다. 많은 학생이 출입문과 가까운 뒷자리에 심리적인 편안함을

느낄 테지만 그게 학습에는 크게 도움이 되지 않는 것도 스스로 잘 알 것이다. 교수와의 눈 맞춤, 시각·청각적 집중, 질의응답을 포함한 적극적인 소통을 위해 다음 수업부터 딱 한 줄씩만 앞으로 가 앉아보자.

아마도 고교학점제 시행 전의 학생들은 처음 겪는 경험일 텐데 대학은 졸업 요건에 맞게 본인이 직접 시간표를 짜야 한다. 졸업을 위한 교과과정뿐만 아니라, 강의시간, 강의실 역시 신경 써야 하는 필수 조건이다. 학점 관리 고수들은 기본적으로 수강 신청을 '잘' 한다. 그들은 수강 신청 당시부터 중간·기말시험에 대한 대비가 되어있다. 하루 이틀로 몰아 시간표를 짜는 경우 주중 통학일 수는 줄어 잠시 편할 수 있지만, 강의시간에 중간·기말시험을 치르는 경우가 많은 만큼 시험 기간이면 괴로워질 수 있다. 고등학교 공부는 떠먹여 주는 것이 많았다면 대학은 알아서 차려 먹어야 하는 것이 많다. 아마 교수님들이 '고교 쌤들'만큼 친절하지도 않을 것이다. 대학에서의 공부는 자율성이 많다. 그러니 '이 과목에 얼마나 많은 관심을 갖고 시간을 투자할지' 수강 신청할 때 꼭 생각해보자.

또한, 학점 관리 고수들은 전공과 교양을 불문하고 지식에 접근하여 이해하며 이를 제대로 파악하는 센스가 있다. 그 과목에 얼마나 관심이 있는지 역시 성패의 관건이지만 행동 지침으로 달성할 수 있는 시점이기도 하다. 대학 수업은 고등학교 수업의 심화인

내용도 있지만 수업마다 광범위하고도 새로운 내용이 상당량 더해지기 때문에 필기를 잘하는 것이 생각보다 중요하다. 교수님의 수업에 집중력을 더해줄 수도 있고, 교재나 강의록 외에 추가로 더해지는 내용을 잘 필기해두지 않으면 시험 준비 때 당황하는 경우가 많을 것이다.

또, 대학에서 오히려 중요하다고 생각되는 것이 '복습'이다. 비록 시험으로 학점이 판가름 나는 과목이 고등학교보다 적을 수는 있지만 공부량은 상당하다. 복습을 미루면 시험 기간이 임박해 벼락치기 하는 것이 고등학교만큼 쉽지 않다. 매시간 교재와 강의록, 필기한 내용을 한 번씩만 더 읽어봐도 시험 준비할 때 어디서부터 접근해 시간을 배분하여 공부할지 조금 더 쉽게 감이 잡힐 것이다.

마지막으로 내가 아는 것이 진짜 아는 건지 확인할 필요가 있다. 대학의 시험은 이해하기 어려운 내용을 단순히 암기만 해서는 좋은 점수를 받기 어렵다. 한 번 읽어 어려운 내용은 두 번, 세 번 읽어봐야 한다. 필자의 경우 중국어로 시험을 봐야 했기 때문에 특히 1독은 단순 내용 이해, 2독은 맥락 이해와 나의 의견 고찰, 3독은 연결된 문서(다른 논문, 서적) 파악 등 최소 세 번을 읽어야 기본적인 시험 준비가 되었다. 요즘 학생들은 '스터디윗미', '브이로그' 등 영상에 익숙하니 녹화하며 남에게 설명해보기, 이해한 내용을 아이패드나 손글씨로 노트에 적어 공유하기 등을 활용해봐도 좋겠다.

공자는 논어에서 '지지위지지 부지위부지 시지야知之爲知之 不知爲不知 是知也'라고 했다. 안다는 것을 안다고 하고, 모르는 건 모른다고 하는 것이 진짜 아는 것이라는 뜻이다. 메타 인지와 같은 자기 성찰 능력이 각광 받는 시대이다. 내가 아는 것과 모르는 것을 구분하고, 자신의 능력과 한계를 정확히 파악함으로써 시간과 노력을 적절하게 투자하는 학생이 학점도 높다.

'발표 공포'를 극복하는 법

학과·전공마다 다르겠지만 유난히 개인·팀별 발표가 많은 수업이 있다. 발표 수업이 많은 학기는 내가 교수님 수업을 들으러 학교에 다니는 게 맞는지 헷갈릴 정도다. 학생 주도의 연구를 통해 정보 분석 능력, 문제해결 능력 및 발표 능력 배양을 목표로 2000년대 초반부터 대학가에서 발표 수업은 다양한 주제로 운영되었다. 특히 4차 산업혁명 시대에 맞는 자기 주도적이고 창의적이며, 기획 및 판단력을 가지고 의사소통과 공감 능력을 지닌 인재를 양성하고자 학습자가 중심인 프로젝트 또는 문제 기반한 학습 모델인 PBLProject-Based Learning 또는 Problem-Based Learning 수업이 확대되는 추세가 더해졌다.

다만 남 앞에 나서기를 꺼리는 우리의 문화적 특성 때문에 발표에 공포를 느끼는 것은 몇몇 학생만의 문제가 결코 아니다. 발표와 주목받는 것이, 어려움을 넘어서 사회 불안증 또는 대인공포증, 무대 공포증 등으로 확대되는 경우는 겉으로 드러난 국내 공식 집계만 보면 그다지 심각하지 않아 보인다. 보건복지부의 〈2021년 정신건강실태조사〉에 따르면 이러한 사회불안 장애의 유병률은 1퍼센트도 되지 않는다.[28] 그러나 관련 증상의 특성상 창피하다는 이유로 혼자 끙끙거릴 뿐, 치료에 나서는 경우는 많지 않아 숨은 사례가 훨씬 많다는 점을 고려해야 한다. 해외에서는 13퍼센트 정도로 높게 보는 만큼 숨은 '발표 공포증' 환자가 많을 수 있다.

이런 비정상적인 긴장의 핵심에는 다른 사람들이 자신을 부정적으로 생각할 것이라는 '비합리적 신념'이 자리 잡고 있다. 여기에 실수하면 '모든 게 끝장'이라는 극단적인 생각도 더해진다. '이번 발표를 잘못하면 이 과목은 포기해야 한다'고 여기기도 한다. 하지만 이런 발표에 대한 불안한 증상은 오히려 발표 경험에 더 많이 직면할수록 나아질 수 있다.

극도의 불안 상태인 채로 마구잡이로 뛰어들라는 의미는 아니다. 적당한 떨림을 유발하는 낮은 강도부터 시작하는 게 좋다. 이를 위해 발표 연습 영상을 촬영해 관찰하는 방법도 있다. 긴장한 모습이 본인이 생각했던 것만큼 나쁘지 않다는 것을 알면 도움이 된다.

듣는 사람들은 생각보다 나에게 관심이 없다는 생각도 도움이 된다. 나의 발표를 들으며 피식 웃은 누군가는 사실 '웃프게도' 내 발표를 잘 듣지 않고 있을 가능성이 크다.

필자가 직장 생활 중 만났던 한 발표의 달인은 토종 한국인임에도 늘 능숙한 중국어로 회사와 사업 설명 프레젠테이션을 뛰어나게 해 그의 앞뒤에서 발표한 중국인 직원보다 더 중국인 같다는 말을 듣곤 했다. 동료로서 몇 년간 그의 발표를 옆에서 들으며 찾은, 또 그에게서 직접 전달받은 발표 잘하는 팁을 여기에 이야기해 보겠다.

우선, 당연한 말이지만 발표 자료 준비는 기본이자 핵심이다. 주어진 주제를 관통해서 서론·본론·결론을 작성하되, 시청각 자료는 글자가 너무 많지 않아야 한다. A4 종이보다는 전문 MC처럼 그 절반 사이즈의 큐 카드를 마분지 등 단단한 종이에 붙여 준비하는 게 긴장했을 때 종이를 펄럭이지 않을 수 있어 추천한다. 발표하는 문장의 호흡은 너무 길지 않아야 한다. 주어-목적어-술어를 언제 누가 들어도 금세 파악할 수 있을 정도로 간략히 작성한다. 명확하고 흥미로운 주제를 발표 자료 서두에 배치해야 첫 몇 분 동안 듣는 사람들의 주의를 잡아둘 수 있다. 첫 1분이 나머지 시간을 결정한다고 해도 과언이 아니다.

전달력 역시 중요하다. 무슨 말을 하는지 알아들을 수만 있어도 괜찮은 발표다. 목소리가 점점 기어들어 가거나, 웅얼거리며 무슨 말을 하는지 못 알아듣게끔 말하는 학생들이 생각보다 많다. 발표에서 마이크를 사용해야 한다면 수업 시작 전 조교에게 미리 부탁해서 마이크 출력을 파악해 나의 성량을 미리 조절할 필요가 있다. 마이크를 사용한다면 콧물 훌쩍이는 소리나 작은 한숨 소리도 크게 들릴 수 있으니 주의하자. 자세가 구부정하거나 손을 떠는 모습을 여과 없이 보인다면 발표 내용과 관계없이 자신감이 없어 보이니 허리를 펴고, 연단에 손을 살짝 올려놓는 등 요령을 부려보자. 듣는 사람들과의 아이 콘택트도 중요하다. 여러 학생과의 자연스

러운 눈 맞춤이 어렵다면 비어있는 책상이라든가, 교수님 등 어딘가 눈 둘 곳을 미리 정해놔야 불안해 보이지 않는다.

마지막으로 머릿속으로, 그리고 실제 목소리를 내어 발표 내용을 충분히 연습해야 한다. 이것이 동료의 가장 중요한 팁이었다. 그는 자료 준비를 일찌감치 마치고는 대본을 수십 번도 더 소리 내 읽고, 발표 직전까지도 눈을 감고 이미지 트레이닝을 했다. 듣는 이가 적은 발표도, 중요도가 낮은 발표도 대충 넘어가는 법이 없었다. 발표 내용에 아무리 자신 있어도 꼭 대본을 따로 준비하고, 식사를 하거나 어딘가 이동하면서도 혼자 중얼거리며 연습하는 모습을 많이 보았다. 운동선수들이 이미지 트레이닝 하듯 실제 다양한 상황을 상상하고 연습하는 것도 도움이 된다. 어떻게 시작하고, 내용의 흐름을 어떻게 이어갈지, 청자들의 반응은 어떨지 구체적으로 상상해보면 나도 모르는 새에 발표가 익숙해질 것이다.

팀플(조별 과제)을 제대로 하려면

앞에서 언급한 PBL 수업이 확대되는 추세 중 맞이한 코로나로 학교마다 비대면 수업이 전면 시행되며 조별 과제가 줄어들었다는 사실에 안도하는 학생들이 많았다. 협동능력과 책임감 향상, 팀원

간 소통 및 전공 지식의 자립적인 연구를 목표로 하는 이런 조별 과제(팀 프로젝트, 줄여서 '팀플'이라고도 함)를 떠올리면 #빌런(악당), #프리라이더(무임승차), #조원유형 같은 키워드와 '조별 과제 하다 폭발하지 않는 방법', '연락 안 되거나, 안 나타나거나, 무성의하거나' 등의 문구가 따라붙는다. 개인의 노력 여하에 따라 성과와 만족감을 느낄 수 있는 일반적인 과제와 달리 조별 과제는 과제 수행자들 간의 친숙함이나 의사소통, 책임감이 중요한 요소로 작용하기 때문에 목표 달성에 변수가 많다.

사실 조별 과제를 통해 향상하길 기대하는 프로젝트 관리 능력, 책임감, 리더십, 문제해결 능력, 사회적 능력 등은 갈등 유발 원인에 대한 합리적인 제재 도구가 없는 한 한계가 있을 수밖에 없다. 팀별 특성화를 위한 교수자의 밀착형 감독도 현실적으로 쉽지 않다. 그럼에도 불구하고 이만큼이나 성공 확률이 떨어지는 조별 과제를 굳이 출제하는 교수의 의도는 과연 무엇일까?

조별 과제를 제시하는 까닭은 현실적인 협업 능력의 향상을 위함이 크다. 현대 사회에서 인간은 개인 혼자만의 힘으로 생활, 아니 생존하기조차 불가능하다. 생수 한 잔이 내 손의 컵에 담길 때까지 여러 단계의 생산 구조와 인력이 필요하다. 세계경제포럼WEF·World Economic Forum에서는 2015, 2016년에 걸쳐 21세기 디지털 경제에서 학생들에게 요구되는 중요 기술 중 '사회정서 학습

SEL·social emotional learning'의 중요성을 강조했다.[29] 협업, 커뮤니케이션, 비판적 사고와 같은 특성들은 빠르게 변화하는 디지털 경제사회에서 성공하기 위해 학생들에게 필요한 자질이며, 이러한 능력을 키우기 위해서는 SEL이 중요하다. "오늘날 글로벌 경제에서 독자적으로 무언가 할 수 있다고 생각하는 건 큰 실수다"라는 전설적인 경영자 잭 웰치의 말처럼 협업 역량을 갖춘 인재가 앞으로 미래사회와 기업에서 핵심적인 것을 알 수 있다.

따라서 '팀워크'라는 키워드는 기업의 서류전형 자기소개서 항목에서도 자주 등장한다. "조직 생활에서 협력을 통해 공동의 목적을 달성할 수 있었던 사례를 제시하시오", "공동의 목표를 달성하기 위해 다른 사람들과 힘을 합쳐 노력했던 경험을 구체적으로 기술하고, 그 경험을 통해 배운 점을 작성하시오", "업무, 과제 등을 추진하면서 관련된 이해관계자들과 관계를 원활하게 유지하여 좋은 성과를 이끌어냈던 경험이나 사례에 대해 구체적으로 기술하시오" 등 모두 팀워크를 성공적으로 달성한 사례를 묻고 있다.

조별 과제를 통해 여러분이 무언가를 '함께 해낸' 경험을 말해야 팀워크의 좋은 예가 될 수 있다. 한두 명의 희생과 '하드 캐리'로 달성한 것은 좋은 팀워크의 예가 될 수 없다. 과제의 출제자는 조별 과제를 통해 다양한 관점을 수용하는 자세를 익히고, 여러 성향의 사람과 원활히 커뮤니케이션하는 능력을 키우기를 기대한다.

조별 과제를 성공적으로 수행하는 치트키는 사실 없다. 학교 뿐만 아니라 사회에서도 '빌런'은 어디에서나 존재한다. 그들에게도 총량 보존의 법칙이 통하는 것만 같다. 팀워크란 '빌런'의 사회적 교화가 아니라 공동의 목표를 달성하기 위해 협력적으로 행동하는 것이다. 따라서 그저 우리가 지금 할 수 있는 것을 최선을 다해 해보는 것이 중요하다.

우선, 각자 본인의 말투부터 체크해 보자. 팀 활동의 시작은 '말'이다. 성공적인 '팀플'을 위해서는 부정적인 말하기를 빼야 한다. 자신의 생각과 다르다고 핀잔한다든가, 회의 날짜를 정하는 데도 조율은 않고 다짜고짜 안 된다고 하기보다는 일단 해보겠다, 혹시 어려움이 있다면 이렇게 하는 건 어떨까 등의 대안을 가지고 말하기 바란다. 또한 모두에게 경제적 말투가 필요하다. 정리되지 않은 생각을 횡설수설하거나 다른 사람의 말을 듣지 않고 있다가 딴소리를 한다거나, 건성으로 듣고 나서는 다시 말해달라는 등의 태도는 팀워크를 해치는 지름길이다.

또한, 팀원의 역할 분담 중 일정 코디네이터를 팀장이 아닌 다른 사람이 혹은 돌아가며 지정해보자. 회의 개설자를 무조건 팀장이 맡다 보면 각자의 책임감이 소홀해질 수 있다. 회의 의장 역할의 리더 외에 회의 일정을 정하고, 장소를 예약하며, 회의 당일 개설과 종료 후 업데이트하는 주체는 누구라도 할 수 있어야 한다. 또 회의

횟수가 많다고 과제 진행이 잘 되는 것도 아니며, 온라인 소통만이 효율적인 것도 결코 아니다. 오프라인 소통 기회도 반드시 주기적으로 갖기 바란다.

결국 개개인의 마음가짐이다. 비록 이번 학기 여러 과목 중 하나일 뿐이고, 평가 항목 중 일부만을 차지할지언정 이 프로젝트를 통해 만나는 사람들과의 소통, 개인의 능력의 합보다 더 큰 시너지, 그리고 앞으로 사회에 나가 조직 생활하며 시시각각 맞닥뜨릴 협업은 남의 일이 아니다. 오늘이 쌓여 내일이 되는 것을 잊지 말자.

2

현실적 어려움을 풀려면

술술 풀리는 인간관계 맺는 법

인간은 태어날 때부터 사회적 존재로 살아간다. 양육자의 돌봄 없이는 생존조차 불가능한 것이 첫 관계의 시작이다. 친밀한 대상과 정서적 유대감을 쌓는 것은 성인이 되어서까지도 심리적으로나 신체적으로 안정감 있게 일상을 지내는 데 매우 중요하다. 청소년과 성인의 경계를 지나고 있는 대학생도 예외가 아니다. 개인의 기질은 다양하기에 모두와 원만한 사회적 관계를 형성하기란 쉽지 않다.

고등학교까지는 친한 친구가 많았는데 대학 생활에서 오히려 친구 사귀는 것이 더 어렵다는 고민을 많이 들어왔다. 싫으나 좋으나 아침부터 저녁까지 한 교실에 앉아 생활하는 고등학생과 달리 대학생은 시간표를 각자 짜고, 교우 관계를 염려해주는 담임 선생님도 없다. 대학에는 학기 중에만 함께 밥 먹고, 공강 시간을 함께 보내는 '학기 친구'라는 말까지 있다고 한다.

사실 성인의 사회적 관계는 학창시절의 그것과는 다를 수밖에 없다. 사회인으로서 자연스럽고 기능적인 방식으로 관계를 맺는 것이 당연하고 합리적인데 한국인 특유의 애착과 유대를 기대하는 것이 어려움의 시작이라고 할 수 있다. 거기에 성인이 되어서도 부모에게서 물질적·심리적으로 완전히 독립하지 못한 20대 초반의 학생들을 두고 그들의 부모까지 교우 관계를 걱정한다. '우리 아이가 대학에 가더니 친한 친구를 못 사귀네요'라는 내용의 글도 맘카페의 단골 소재다.

여기서 우리는 앞서 이야기한 다양한 문제와 마찬가지로 무엇이 어려운 것인지, 왜 그런 것인지 좀 더 자세히 들여다볼 필요가 있다. 주된 관계에 대한 학년별 고민을 엮어보면 아래와 같다.

1학년

1학기 : 새로운 인간관계에 대한 기대 반 두려움 반. 예비대학? 새터? 뭐 이리 행사들이 많아. 가야 할까? 안 가도 될까?

방 학 : 새내기 첫 학기, 나름 단짝들이 생긴 줄 알았는데 방학되니 카톡 한 통줄이 없다. 이게 학기 친구인 거지?

2학기 : 아는 사람은 많아졌지만 여전히 외롭다. 대학 친구는 친구가

   아니라 비즈니스 관계 동료인 건가? 차라리 '아싸'의 길을

   걸을까? 아니면 지금이라도 동아리를 가입해야 하나.

2학년

고등학교 때 '소울 메이트'였던 친구들이 하나둘 멀어진다. 우리

수다 떨면 24시간이 모자랐잖아. ㅠㅠ 내가 먼저 톡해 볼까? 아냐,

눈치 없이 자꾸 연락한다고 생각하면 어떡해.

1학년 때 친해진 친구들도 연애하느라 연락이 잘 안 된다. 얘는 벌

써 여친이랑 여행도 다녀왔네? 얘는 오빠랑 찍은 사진은 맨날 올리

면서 왜 전화도 안 받아? 나도 연애하고 싶다……

(남학생)1학년 마치고 군대 간 친구들과 2학년 마치고 갈 친구들 사

이에서 나는 어떡하지? 그냥 1학년 마치고 갈 걸 그랬어!

3학년

1, 2학년 때 붙어 다니던 친구들이 전공 수업도 다 다르고, 교환학

생 가거나 군대에 있다. 삼삼오오 붙어 다니는 새내기들이 부럽다!

과 모임을 가도, 동방(동아리방)을 가도, 내가 대충 봐도 나름 고학

번인데 편하지가 않아, 어색해. 어디 있니 내 친구들~!

취업 준비를 시작하는 동기들. 벌써 인턴을 시작했다고? 나만 늦은

거 아닌가 불안해. 나는 아직 전공 수업 따라가기도 바쁜데 너네는

벌써 진로를 정했구나? 나만 늦었나?

4학년

벌써 공무원 합격한 친구가 있어! 저 친구는 회계사 1차 합격했대. 나도 취업 준비해야 하는데……. 너무 부럽다! 샘이 난다! 친한 친구들도 하나둘 인턴십 하고 있는 회사에 대해 얘기하며 스트레스 받는다고 한다. 나도 그 스트레스 받고 싶다고. 친구를 마냥 축하해 줄 수만은 없는 내 마음, 너무 속좁은 건가.

이제 서로 너무 잘 알게 된 대학 친구들인데 졸업을 앞두고 쟤는 왜 저렇게 태평해? 어디 믿는 구석이 있나? 쟤는 왜 저렇게 안달복달이야. 우리 잘 맞는 거 아니었니? 내가 너무 까칠한 걸까? 학생을 벗어나 사회로 가려니 불안해. 우리 계속 만날 수는 있는 거겠지?

여기에 학년을 막론하고 연애, 이성 관계에 대한 고민도 빠질 수 없다. 다만 요즘 들어 특히 주목할 것은 연애 중 생겨나는 고민보다 비연애 중인 학생들의 고민이 더 큰 것이다.《대학내일》이 2022년 발표한〈2022 Z세대를 중심으로 본 연애 실태 및 인식 보고서〉를 보면 "현재 연애 중"이라고 응답한 Z세대는 24.2퍼센트로 10명 중 2명 이상이 이성 교제 중인 것으로 나타났다. 2016년 조사에서 51퍼센트이었던 것에 비해 상당히 낮아진 수치다. 비혼을 넘어서 비연애로, 연애하지 않는 사회의 단편을 보여준다. 청년세대의 절반 이상이 비연애 중임에도 불구하고 연애 리얼리티 프로그램에 대한 인기는 여전하다. 〈하트시그널〉부터 〈나는 솔로〉까지 연애에 대한 관심은 여전히 많지만 연애 리얼리티 프로그램이 사람들의 대리 만족 수단으로서만 소비되고 있다. 연애라는 일종의 인간관계에서 비롯되는 고민과 스트레스를 거부하는 청년이 늘어나고 있는 것이다. 성인 이행기가 늦어지며 부모로부터 물질적·정신적 독립을 미루는 청년들은 높은 수준의 기대를 충족하기 전까지 연애를 비롯해 많은 것들을 'N포'한다.

이성, 교우 등 이러한 모든 고민은 '관계'를 시작하고 이끌어 나가는 방법에 대한 고민이다. 관계의 시작은 누구나 어렵다. 관계를 지속하다 보면 갈등도 당연히 발생한다. 어쩌면 관계를 아예 시작하지 않는 것이 경제적인 선택처럼 느껴질 수 있다. 하지만 여러분 마음 저 안에서 이미 알고 있겠지만, 우리 마음도 근육 같아 일정한 스트레스를 받고, 거기에서 오는 상처가 잘 아물어야 더 성장할 수 있다. 대체 왜? 라고 갈등 발생의 원인만을 캐내기보다 이를 어떻게 해결하는지가 더 중요하다.

고리타분하게 들릴지 모르나 "관계에서 오는 마찰을 딛고 친구를 사귀고, 이성과 연애하고 결혼해 아이를 낳아 양육하는 과정에서 새로운 삶의 마디가 곳곳에 새겨진다"는 어른들의 말은 과장 없는 사실이다. 필자 본인도 그 마디마디에서 그간 느껴보지 못한 감정을 처음 느끼며, 인생을 바라보는 스펙트럼이 조금 더 다채로

워졌다. 모든 관계의 갈등에서 배울 점이 있었으며, 이를 해결하며 이해의 폭도 넓어졌다. 할까 말까 망설일 때는 하는 것이 답이다. 만날까 말까 고민될 때는 일단 만나보자.

새로운 인간관계를 맺는 것이 어려운 누군가를 위해 간단한 몇 가지 행동 지침을 전한다. 우선 잘 알겠지만 친구를 사귀고 싶다면 다가오길 바라는 게 아니라 자기가 먼저 다가가야 한다. 한때 "마이쮸 먹을래?"라고 먼저 말 거는 것이 학생 사이에서 유행이었던 적이 있다. '대딩(대학생)도 마이쮸 먹을래가 통해?'라는 글 제목에서 글쓴이의 고민이 느껴지기도 한다. 가벼운 간식을 나눈다든가, 옆자리가 비어있는지 묻는다든가, 다른 수업에서 본 적 있지 않나 물어보는 등 아이스 브레이킹 하는 법은 아주 다양하다. 친해지고 싶은 대상이 있다면 가벼운 관찰과 공감 화제를 찾아 먼저 말 걸어 보자. 강의 10분 전에 미리 도착해있는 것도 나름 유용한 방법이다. 아직 앞 시간 수업이 덜 끝난 강의실 앞에서 함께 기다리던 친구가 미래의 나의 절친일지도, 인연은 모르는 거니까.

팀플, 발표도 마찬가지지만 '부정어'를 줄이는 것도 필요하다. 육아 프로그램에서 나오는 단골 멘트이다. 반대 의견을 내고 싶을 때는 안돼, 싫어 말고 "이건 어떨까?"처럼 대안을 제시하는 말을 건네는 것을 평소에도 연습해야 한다. 한국인이 가장 많이 하는 말이라는 "아니~, 그게 아니라~"는 일종의 말 습관이다. "그럼

~", "자~" 등으로 한 번씩 의식적으로 바꿔 말을 시작해보자.

OT, MT, 동아리, 학회는 필수가 아닌 선택이다. 사람을 많이 만난다고 모두와 친해지는 것은 아니니 나의 중심을 갖고 내가 정말 관심이 있고, 대학 생활 중 한 번은 꼭 해보고 싶은 것이 무엇인지 잘 생각해보자. 학생회 활동도 한 번쯤 추천해본다. 조직 운영의 경험은 앞으로 사회생활을 하는 데 꽤 큰 도움이 될 것이다.

무엇보다 조급해하지 말자. 다른 것도 아니고 사람과 사람 사이의 일이다. 내가 재촉한다고, 내 마음이 급하다고 저 사람의 마음이 나와 같아질 수는 없는 일이다. 나만의 시간을 즐길 줄 알아야 한다. 사람 사이는 너무 가까우면 데이고 너무 멀면 얼어버리는 것이라고 한다. 나의 마음을 우선으로 두고, 다른 사람과 적당한 거리를 유지하며 교류하는 것이 건강한 인간관계라고 할 수 있다. 다만 다른 사람의 마음도 내 마음만큼이나 중요하다는 것을 잊지 말고 진심에서 비롯된 상대방에 대한 존중을 잊지 말자.

인권침해 때의 행동은 이렇게

입학과 동시에 고민이 된다. '예대'(예비대학), '새터'(새내기 배움터, 오리엔테이션, OT), MT^Membership Training와 축제, 동아리, 소모임 등 전공을 불문하고 사람들이 모이는 자리가 참 많다. 다 가야 할지, 가면 어떤 사람과 만나 무슨 일이 일어날지 기대 반 걱정 반이다. 특히 우리나라 대학가의 술 문화는 역사가 깊어 자리마다 있을 뒤풀이에 걱정은 더욱 깊어진다.

단과대학 행정실에 근무하며 신입생 OT 후 자녀가 음주를 강요당했다며 감독 부재를 의심하는 학부모 전화를 적지 않게 받았다. 성인으로서 대학생의 자유와 교육기관으로서 대학의 역할 사이에서 밸런스 찾기가 여전히 쉽지 않다. 사람이 모이는 자리에 잡음이 없을 수 없지만 개인의 자유와 양성 간 평등을 해치는 문화를 형성하는 것은 당연히 지양해야 한다. 특히 음주를 강권하거나, 언어/비언어적 성폭력을 행하는 것, 선후배 사이의 위계를 강요하는 것은 사라져야 할 문화다. 자신의 거부가 지금의 신나는 분위기를 망치지 않을까 우려해 거부의 제스처 자체를 취하길 두려워하는 학생도 많다.

다행히 요즘의 캠퍼스 분위기는 개인의 취향과 의견을 더욱 존중하는 방향으로 변화하고 있다. 2019년 대학생들을 대상으로 10년 전과 현재의 캠퍼스 음주문화를 비교한 설문조사 결과에 의하면 "술자리에서 술을 강요하는 분위기가 어느 정도 있다고 생각하느냐"는 질문에 10년 전 대학생들은 41.8퍼센트(약 168명)가 "매우 그렇다(술을 상당히 강요했다)"고 답한 반면 현재 재학 중인 대학생 중에는 11.8퍼센트(약 48명)만이 "매우 그렇다"고 대답했다. 현재 대학생 중 57퍼센트(약 228명)는 "강요하는 분위기가 없다"고도 응답했다.[30] 2020년 이후 코로나 사태를 겪으며 술자리를 자제하고, 온라인 비대면 소통을 선호하는 캠퍼스 내 분위기 때문에 더욱 변화했다.

술자리에서 빠지지 않던 성 관련 문제 역시 대학생이 술자리를 꺼리는 이유 중 하나다. 메신저 앱의 '단톡방'에서도 사이버 성희롱이 빈번히 일어난다. 캠퍼스에서 일어나는 성범죄는 교수, 선후배, 동기 등 대부분 아는 사람이 가해자인 경우가 많다. 학외 유흥 공간, 학내 공공장소, MT 등에서 성범죄까지는 아니더라도 가까운 관계에 있는 사람으로 인해 성희롱과 성추행이 쉽게 일어날 수 있다. 흔히 재미 삼아 하는 신체, 외모에 대한 평가나 상대방이 원치 않는 신체접촉을 하는 식의 성희롱은 더욱 흔하다.

국회 교육위원회 소속 김병욱 의원이 2022년 조사한 통계에 따르면, 최근 5년간(2018~2022년 7월) 전국 대학에서 1200건의 성범죄가 발생했다. 연도별로는 △2018년 321건 △2019년 348건 △2020년 196건 △2021년 215건 △2022년 120건이었다. 코로나 팬데믹으로 비대면 수업이 늘어나면서 2020년에는 성범죄 건수가 전년 대비 급감했는데, 대면 수업과 모임들이 다시 활발해지며 성범죄 역시 함께 증가하는 추세다.[31]

선·후배 간 '군기 잡기' 문제 역시 매년 꾸준히 제기된다. 학년 초에 "신입생 환영회 필참", "개강총회 불참 시 사유서 제출", "신입생 전원 장기자랑 준비", "선배를 보면 90도 인사" 등의 뉴스를 접할 때면 '아직도 이런 일이 일어나다니' 싶어 놀라게 된다. 한 구인·구직 포털에서 대학생 1,000여 명을 대상으로 실시한 설문조사에 의하면 응답자의 절반 이상인 57.6퍼센트가 "대학교 입학 후 선배 갑질을 매우 경험"하거나(13.9퍼센트) "어느 정도 경험했다"(43.7퍼센트)고 답했다. 선배 갑질을 "별로 느끼지 못했다" 혹은 "전혀 느끼지 못했다"라고 답한 응답자는 각각 24.1퍼센트, 18.3퍼센트에 달했다. 가장 많이 경험한 선배 갑질 유형은 '인사 강요'(34퍼센트)와 '음주 강요'(18.4퍼센트)였으며, 다음으로 '화장, 헤어스타일 등 복장 제한 강요'(10.7퍼센트), '메신저 이용과 관련한 제재'(10.4퍼센트), '얼차려'(10.2퍼센트) 순이었다. 심지어 '성희롱'(3.9퍼센트)과 '일방적 폭행'(2.4퍼센트)도 지적됐다.[32]

교육 당국에서도 이렇게 다양한 대학 내 문제를 심각하게 받아들여 2021년 '고등교육법'을 개정하여 대학 내 인권센터 설치를 의무화하였다. 다만, 인권센터의 실효성에 대해서는 여전히 논란이 많다. 전문 지식과 경험을 갖춘 전문가가 상주하는 컨트롤 타워의 모습을 아직 완전히 갖추지 못한 곳이 많기 때문이다. 학교의 전문적이고 철저한 조사와 그에 따른 강력한 징계가 이루어지지 못해 아쉬운 상황이다. 대학이 아니라 사회적 문제로 바라봐야 한다는 의견 또한 많다. 고등학교까지 성적과 대입만을 바라보며 달려온 학생들에게 '인권'은 낯선 개념일 수 있다. 다른 사람의 물건을 훔치면 나쁘다는 것과 같이 다른 사람의 몸을 만지거나 술이나 위계질서를 강요하면 안 된다고 어릴 때부터 반복적인 교육이 필요하다.

피해자에게 원인을 찾는 사회적 시선도 거두어야 한다. 개인적으로는 당사자로서 거절하는 연습, 제3자로서 피해 당사자의 입장을 존중하고 불편한 상황을 멈추라고 말하는 연습도 함께 필요하다. 거절은 처음 한 번이 정말 어렵지만 일단 거절의 의사를 명확히 밝히고, 상대의 반응을 살피고, 불편함을 전하는 말을 다양하게 고민해보는 연습이 필요하다. 또, 갑질을 당한 후배가 갑질을 행하는 선배가 되기 쉽다. '나만 당할 수 없다, 나 때는 다 그랬다'는 심리가 있겠지만 나 먼저, 나 스스로만이 그 불편함의 고리를 끊을 수 있을 것이다.

마지막으로 대학 인권센터에서 안내하는 피해자, 목격자, 가해자로서의 행동 수칙을 들어둔다.

피해를 당했을 때는,

1. 거부 의사를 명확히 표시한다.

2. 피해가 계속된다면 서면이나 메일로 가해자의 행동을 육하원칙에 따라 기술하고, 단호하게 중지를 요구한다. 대화는 녹음해두는 것이 좋다.

3. 만약을 위해 사건이 발생한 날짜, 시간, 장소, 구체적 행위 내용, 목격자, 증인, 경험과 느낌, 사건 이후의 경과를 구체적으로 기록해둔다.

4. 가족, 친구, 선후배 등 신뢰하는 상대와 상의하고, 필요하다면 교내 인권센터 전문가와 공식 또는 비공식적으로 상담한다.

5. 긴급한 위기 상황에 경찰에 신고하는 것을 꺼리지 말고, 강간 피해는 몸을 씻지 말고 신속히 의료기관을 찾아서 진료 및 검사를 받도록 한다.

목격자가 되었다면,

1. 불쾌감이나 불편감이 있는 상황에서는 당사자가 아니어도 중단을 요구할 수 있어야 한다.

2. 피해자의 입장을 최우선으로 고려하고 해당 사실을 임의로 관련 기관 또는 다른 사람에게 고지하지 않아야 2차 피해를 막을 수 있다.

3. 교내 인권센터의 위치, 연락처를 파악해둔다. 피해자에게 정서적 지지뿐만 아니라 필요한 정보를 제공하고, 대책의 순서를 논의하며, 상담 노는 신고가 필요할 때 동행하는 것이 큰 힘이 된다.

가해자가 되었다면,

1. 변명하지 말고 즉시 잘못을 인정하고 사과해야 한다.

2. 피해자에게 본인이 어떻게 행동하는 것이 좋을지 피해자의 의견을 최우선으로 존중한다. 피해자가 만남을 꺼린다면 거리를 두어야 한다.

3. 같은 일이 재발하지 않도록 스스로 행동과 문제의 원인을 성찰한다.[33]

군대 문제도 활용하기 나름

고등학교를 졸업한 대한민국 남성이라면 누구나 고민하는 것, 바로 '병역'이다. 헌법에서 정한 국방의 의무에 따라 만18세 이상의 남성이라면 군에 입대해 일정 기간 복무해야 하고 이는 시간과 장소의 제약을 의미한다. 현역으로 입대 시 짧게는 1년 6개월에서 1년 9개월까지의 시간을 바쳐야 한다. 이제 막 대입을 끝내고 규칙적인 생활과 공부로부터 자유로워진 20대 초중반 혈기왕성한 남학생들에게는 다시 자유를 빼앗긴다는 것이, 더구나 생전 처음 해보는 군사훈련과 강제적인 집단생활을 해야 하는 것이 쉽지 않을 것은 분명하다.

군대 문제는 한국 사회의 중요한 뇌관이다. 부동산, 학위 문제와 더불어 자녀의 병역 문제로 고위 공직에서 낙마하는 정치인이 많다. 연예인도 마찬가지다. 음주운전, 폭행으로 사회적 지탄을 받은 연예인이 자숙을 거친 후 방송가에 복귀하는 일은 흔하지만, 병역 기피로 논란이 된 사람이 돌아오기는 쉽지 않다. 그만큼 한국 사회에서 군대 문제는 예민하다.

우리나라 사람들에게 군 복무는 어떤 의미일까? 2021년 실시된 한 설문 조사에서 20대의 82퍼센트가 "군 복무는 국가가 개인에게 일방적으로 요구하는 희생"이라고 답했고, "군 복무를 하면서 얻는 장점보다 단점이 더 많다"와 "군 복무는 시간 낭비다"에도 각각 64퍼센트, 62퍼센트가 동의했다. 징병제에 대해서 바람직하지 않다고 답한 남성들은 "군 복무에 대한 적절한 보상 방안이 마련되어 있지 않은 것"을 가장 큰 이유(42퍼센트)로 꼽았다. 다만 "군 복무는 대한민국 국민이라면 져야 하는 당연한 의무"라는 데 동의하고, "군 복무 경험은 사회생활에 도움이 된다"에도 동의하여 양가적 감정이 큰 것으로 나타났다.[34]

또 다른 설문 조사에서도 군대 생활이 인생에 '도움이 된다'는 응답이 2011년 82퍼센트, 2016년 72퍼센트 수준에서 지속적으로 감소하여 2021년에는 68퍼센트에 이르렀다. 도움이 되지 않는 이유는 '시간 낭비'(39퍼센트), '사회 적응·도움 안 됨/배운 것이 쓸

모없음'(20퍼센트) 등이었다. 다만, 군 복무가 '도움이 된다'는 응답자의 이유도 살펴볼 만한 것은 '공동체·단체/조직생활 경험'(22퍼센트), '사회 적응력/생활력 생김'(20퍼센트), '책임감/자립심'(13퍼센트), '인내심/끈기 배움'(11퍼센트) 등 개인의 인생에 초석이 되는 가치를 내재화할 수 있다는 점이다.[35]

학교에서 일하며 만난 학생들이 군대에 대해 공통적으로 말한 한 가지는 "그럼에도 배울 점이 있다"는 것이다. 한 학생은 군대는 그야말로 '날 것'이고 '쩐(진짜)사회'였다고 말했다. 비슷한 동네에서 학교를 다니고 비슷한 생활 패턴으로 학창시절을 보내온 친구들과 달리 다양한 환경에서 자란 전혀 다른 성향과 가치관을 지닌 사람들을 만날 수 있어 그만큼 이해의 폭이 넓어졌다고 말했다.

함께 자대 배치를 받은 동기는 이른바 '조직 생활'을 하던 친구였는데 그의 등에 새겨진 도깨비 문신을 보고 깜짝 놀랐다고 한다. 커다란 문신만큼이나 깊은 사연을 가진 동기와 동고동락하며 그간 가졌던 다양한 사람들에 대한 부정적인 선입견이 사라졌다고 말했다. 또 다른 학생은 의무경찰로 복무하며 집회·시위 관리업무에 투입돼 우리나라에 이렇게 많은 단체가 있는지 처음 알았고, 다양한 권리에 대한 주장을 현장에서 지켜보며 사회문제에 대한 관심이 커졌다고 한다. 그때부터 매일 뉴스와 신문을 챙겨보는 것이 일상이 되어 복학 후에도 꾸준히 실천하고 있었다.

군대 생활을 앞두고 진로를 염려하는 학생들에게 늘 하는 이야기는 이 역시 '목표 수립'이 가장 중요하다는 것이다. 되는 대로 시간을 보내며 휴가를 기다리고 무사 전역만을 기다려온 학생과 '복무기간 동안 이것만은 꼭 해야지'라고 계획하고 실천한 학생은 복학 후의 자세가 다르다. 그러니 국방의 의무를 치르는 동안 현실적 목표를 세워 자격증을 준비하거나, 일정 분야의 독서량 달성 등 가능한 것부터 하나하나 해내는 것이 중요하다. 자격증 취득 자체가 중요한 것이 아니라 어려운 상황에서 이를 준비하고 필요한 계획을 세우고, 절제력을 발휘해 차근차근 실천하는 것이 모두 나의 '스토리'가 될 수 있다.

필자가 근무하던 부서에서 봉사 장학생을 뽑을 때 자투리 시간에 사이버 지식방 PC로 온라인 강의를 수강하며 공부해 금융 자격증을 취득했다는 학생을 뽑았는데 자격증 내용이 중요한 것이 아니라 이런 생활 태도를 높이 평가한 때문이었다. 실제 직무에 활용되는 기본역량을 높일 수 있는 복무 경력도 있을 수 있다. 재무과 계원으로 감사업무를 수행한 경험, IT 특기병으로서 정보보호 업무 수행 경험 등만이 아니라 행정병의 컴퓨터 활용 능력과 행정업무 능력은 사무직으로서 기본적으로 필요한 역량이다.

대학의 학과처럼 군대에도 병과가 있는데, 입대 전 미리 자신의 취미나 특기, 전공을 고려해 보직을 지원할 수도 있다. 육군, 해

군, 해병대, 공군 각각 다양한 기본, 특수 병과가 있다. 전문특기병으로 운영되는 지식재산관리병, 회계 원가비용 분석병, 군종병, 군악, 정보보호병, 영상콘텐츠/사진/그래픽디자이너 등 각각의 자격요건과 면접 등 전형이 있으니 병무청 홈페이지를 통해 미리 확인하면 길이 보일 것이다.

병무청에서 제공하는 진로 설계 프로그램도 있다. 군 복무가 학업과 진로의 단절이라 여겨지는 인식을 바꿔보고자 시도하고 있는 프로그램으로 각 지방 병무청 산하 '병역진로설계 지원센터'에서 제공하는 '청춘 디딤돌 병역진로설계'가 그것이다. 온오프라인으로 전반적인 병역 이행 안내 및 군 생활 정보제공과 더불어 개인별 직업 선호도 검사, 1대 1 맞춤 상담으로 군 특기를 추천하고, 복무 중 개인 경력 개발에 대한 안내도 제공한다. 최근 지원센터가 전국적으로 확충되고 온라인 콘텐츠도 강화되어 연간 이용자가 1만 1,300명에 달하고 이 서비스를 통해 추천받은 특기 입영률은 64.7퍼센트로 최근 3년 새 두 배 가까이 늘었으며 만족도 역시 94퍼센트 이상이다.[36] 군대가 문제일지 문제가 아닐지는 슬기로운 그대의 손에 달려있다.

3

부모의 그늘에서 벗어나자

찾으면 길이 보인다

"아버지가 육군사관학교에 가라고 했는데 제가 우겨서 지금 학교에 왔어요. 입학식 날까지도 표정이 어둡던 아버지는 휴학하지 말고, 어학연수는 꿈도 꾸지 말고, 군대 빼고 4년 안에 졸업해서 취업하라고 하셨어요. 아버지 회사에서 학자금 지원 나오는 것으로 학교 다니고, 제가 혹시나 제때 졸업 못 해서 당신 퇴직 후에까지 학교에 있으면 학비는 알아서 하라면서 ROTC는 어떠냐고 끝까지 물으시긴 하더라구요."

취업진로센터에 상담하러 온 한 학생의 사례이다. 부모와 갈등 없는 자녀가 어디 있겠냐마는 이런 고민을 들으면 가슴이 먹먹해진다. 같은 부모된 입장에서, 자녀의 선택을 선적으로 지원하지 못하는 마음이 얼마나 불편할까 싶으면서도 한편으로는 현실의 벽 앞에서 서성이는 청춘이 너무나 안타깝다. 뒤에서 자세히 다루겠지만 교육부의 〈2023년 4월 대학정보 공시 분석 결과〉에 따르면 4년제 대학 학생의 경우 연간 약 680만 원의 등록금 부담을 지게 된다. 의학 계열의 경우는 더 많아 연간 약 980만 원에 이른다. 어느 경우나 부모가 져야 하는 부담인 것은 두말할 필요가 없다.

대학생들의 진로 고민을 살펴본 여러 연구를 보면 부모님의 반대와 가정형편을 고민의 원인으로 언급한 학생들이 많은 것을 알 수 있다. 굳이 수치화된 연구가 아니어도 대학에 몸담고 있는 나에게 털어놓는 부모님과의 갈등을 주제로 한 학생들의 이야기보따리는 끊임이 없다. 방학에 늦잠 자는 꼴을 못 본다, 자꾸 가방 들고 도서관이라도 가라고 한다, 토익 성적 나올 때를 나보다 먼저 알고 계신다, 입시가 비교의 끝인 줄 알았는데 학점으로, 장학금으로, 취업으로 여전히 '엄친딸', '엄친아'와 비교당하고 있다 등등.

비단 우리나라 부모님들만의 모습은 아니다. 중국 유학 시절에도 우리보다 보통 반년, 월반하면 일 년 반쯤 먼저 입학한 앳된 대학생들에게 부모님이 하루에도 몇 번이고 끊임없이 메시지를 보내고, 전화하며 일상생활을 공유하는 모습을 보았다. 관련 연구를 굳이 찾아보지 않아도 아시아계 학생은 가족의 기대에 부응하고자 하고, 진로 선택 후에도 지속적으로 부모의 승인을 원한다는 것은 모두 잘 아는 사실일 것이다. 집단주의 문화 안에서 성장해온 우리는 부모와 자식이 마치 동일한 인격체인 것처럼 여기고, 대입으로 이어진 진학과 학업으로서의 진로뿐만 아니라 졸업, 취업, 결혼 등까지 책임지는 것이 부모의 역할이라고 생각하곤 한다.

자식의 빠르고 무탈한 대학 졸업과 취업이 본인의 무거운 과업인 부모 앞에서 배낭여행이나 교환학생, 어학연수, 해외 봉사활동 같은 말은 꺼내기 어렵다. 경제적 부담과 더불어 길어질 학업의 시간이 한 발 멀어진 독립의 상징이 될 수 있기에 심리적인 부담으로도 다가온다. 하지만 개인적으로는 학생들에게 약간이라도 기회의 문이 열려있다면 어떻게든 대외 활동과 해외 생활을 해보라고 진지하게 이야기하고 싶다.

대학생이라는 신분과 20대라는 시간은 어떤 시간 마디에서보다 그 시절 경험이 인생에 새겨지고, 새로운 선택의 문을 열어줄 가능성이 크다. 특히나 어떤 형태로든 해외 생활은 다양한 언어와 인종과 마주해 다양성을 마음에 새길 수 있고, 언어의 장벽, 이질적인 정서로 가득한 하루하루 안에서 외로움과 어려움을 극복하는 과정을 통해 내면의 깊이 또한 한층 더 깊어질 수 있다.

앞으로 다가올 여러분의 일상은 생각보다 너무 질겨서 벗어나기 힘들다. 취직해서 돈 모아 가야지, 나중에 친구랑 시간 맞춰 함께 해야지 하는 계획은 대부분 후회로 끝나기 마련이다. 지금의 체력, 의욕, 배움의 자세, 기억력 모두 우리가 가장 젊은 바로 오늘, 최대치로 끌어올릴 수 있다. 경제적 제약으로 해외 생활 도전에 어려움을 느끼는 학생들이라면 장학금 혜택이 있는 경우도 많기 때문에 교내에서 운영 중인 국제교류 프로그램을 먼저 알아보기 바란다. 본인이 해외 경험에 대해 조금이라도 생각이 있다면 국비 지원 어학연수, 해외 인턴십이나 졸업 후 워킹 홀리데이 등 금전적 보상이 있는 프로그램들을 활용해서라도 한 번은 도전해보길 감히 추천한다.

'스펙 N종 세트'에 매몰되지 말자

학생들과 이런 대외 활동에 대해 이야기를 나누다 보면 조금은 놀랍기도 하고 당황스럽기도 한 것이 '스펙 5종, 8종, 10종 세트'라는 말이 직접 쓰이지만 않을 뿐 그 의미가 살아있다는 점이다. 스펙이 아닌 직무능력을 보는 NCS, 스토리 채용으로 추세가 바뀐 지 꽤 되었지만 막막한 취업 준비에 구체적 행동 지침을 갈구하는 학생들 사이에서 여전히 생명력을 가지고 있다.

[학벌(학교)+학점+토익 점수+어학연수+자격증]으로 구성되는 '스펙 5종'에 [봉사활동+인턴+수상경력]이 더해서 '스펙 8종'

이 되고, 여기에 [성형수술+인성]이 더해져 '스펙 10종'이 완성된 다니 헛웃음이 나온다. 가만히 보면 졸업과 취업으로 이어진 사회로 나가기 두려운 누군가가 만들어낸 '괴담' 같기만 하다. '남들 다 하는 것 같은데', '이거라도 안 하면 안 되지 않을까', '안 하는 것보다는 낫지 않을까'하는 막연한 기대감 탓에 진짜 자기가 하고 싶은 일, 자기가 잘하는 것, 좋아하고 업으로 삼고 싶은 것을 찾는 일은 뒷전으로 밀린 것이다. 앞서 언급했듯이 '블라인드 채용'을 100퍼센트 시행하기는 어려워 아직도 시행착오를 거듭하고 있는 실정이니 채용할 때 스펙을 안 본다고 말하지는 못하겠다. 하지만 학생들이 오해하는 것이 있다.

대한상공회의소가 2022년 매출액 1,000억 원 이상인 국내 기업 302개사를 대상으로 '2022년 기업의 채용 트렌드'를 조사한 결과 대졸 신입 채용 시 가장 중요하게 보는 항목으로는 '직무 관련 경험'(64.9퍼센트)이 꼽혔다. 이어 '직무 관련 지식'(57.0퍼센트), '태도·인성'(53.6퍼센트), '관련 자격증'(12.3퍼센트) 순이었다. 반면 대규모 공채시장에서 일차적 선별 기준이었던 '어학 능력', '학력·학점'은 각 3.6퍼센트, 봉사활동은 0.3퍼센트에 불과했다.[37] 학점과 어학점수가 중요했던 공채가 저물고 직무 중심의 수시채용이 확산되면서 인턴 등 실무 경험이 더욱 중요해진 것이다.

출신 학교와 학점, 토익점수 등의 기준은 여러분이 중고등학교, 대학교 생활에 임하면서 얼마나 성실하게 본인의 과업(학업)을 시행했는가 보는 척도이다. 반복해 말했듯 이는 내가 현재의 위치에서 해야 할 일을 명확히 파악하고, 계획과 목표를 세우고, 행동과 자기반성을 꾸준히 해왔다는 일종의 지표라고 할 수 있다. 무조건 유명한 학교, 4.0, 4.5 올 A, A+ 학점에 토익 만점이 아니어도 나의 성실함, 꾸준함을 증명할 수 있는 뭔가가 준비되어 있다면 걱정하지 않아도 된다.

어학연수, 교환학생, 배낭여행 등 해외 경험에 대한 묘사는 항상 그곳에서 공부를 더 열심히 했고, 여기저기 여행을 많이 다녔으며, 현지 사람들과 말이 안 통하면 김밥, 김치찌개를 해 먹으며 교류했다는 식의 틀에 박힌 이야기가 등장한다. 본인의 관심, 흥미를 해외에서 어떻게 발전시켰는지는 잘 보이지 않는다. 필자의 경우 유학생 시절 학기 초·말마다 오가던 공항에서 사람들이 들고 다니는 면세점 쇼핑백으로 여행의 설렘을 느끼고, 국가별로 선호 아이템을 추측하며 이야기를 풀어냈던 것이 면접에서 좋은 평가를 끌어낼 수 있었던 것 같다.

금융권 취업을 희망하고 있는 학생들이 '자격증 콜렉팅'을 하는 것을 종종 보는데 자격증 유무가 중요한 것이 아니라 지원 분야에 대한 관심과 전문성을 구체적 행동으로 연결하는 것으로 충분하다. 다른 스펙 세트 요소도 마찬가지로 지원 분야에 대해 자기만의 꾸준한 노력을 더해 유지 보완 발전시켰는지가 중요하지 스펙 자체가 중요한 것은 아니다. 오히려 스펙 자체의 완전함을 기하다 보니 졸업을 미루고, 채용 분야나 기업에 관계없이 무분별하게 지원하는 경우가 많다. 특히 후자의 경우 점수에 맞춰 대학에 간 것만큼이나 큰 후유증이 있을 것이 자명하다. 부모님의 재촉으로 졸업을 서두르는 경우와 '완벽한 스펙' 쌓기에 연연하며 기약 없이 졸업을 미루는 것 모두 그 안에 '나'는 없다, 내 등을 떠미는 '타인'만 있을 뿐이다.

(4)

경제적 벽에 부딪히는 대학생들에게

"선생님, 저 밥 한 번 사주세요!"

취업진로지원센터에서 직원과 학생으로 만나 졸업 후에도 연락을 이어오던 학생 중 한 명에게 걸려온 반가운 전화였다. 학부 때도 늘 성적장학금을 받으며 성실한 이미지였던 그녀로부터 로스쿨에 진학했다는 소식과 변호사 시험에 합격해서 기업의 사내 변호사로 일을 시작했다는 연락을 주고받은 뒤로는 무소식이 희소식이려니 하고 지내던 차였다. 그러던 그녀가 밝은 목소리로 만남을 신청했다.

"드디어 대학원 학자금 대출 다 갚았어요!" 마주 앉아 음식 한 숟갈 뜨기도 전에 그녀는 도저히 참을 수 없다는 투로 비밀 아닌 비밀 이야기를 쏟아냈다. 학부 졸업 후 잠깐 취직해서 일을 했는데 법학과 출신이라는 이유로 다양한 법률 검토를 맡았다고 한다. '이 작은 기업에서 이런 일도 일어난다고?' 싶을 정도로 벽에 부딪힐 때가 많아 퇴사와 로스쿨 진학을 계획했는데 은퇴를 앞둔 부모님의 반대로 고민이 많았지만 지금이 아니면 후회할 것 같아서 자기가 어떻게든 다 갚겠다고 학자금 대출을 받아가며 겨우겨우 대학원을 마쳤단다.

그런데 생각보다 취업 시장이 좁고, 추웠다. 정말 후회 없이 열심히 공부해 변호사 시험에 합격했지만 로펌보다는 기업에서 일하고 싶었던 자신의 계획에 점점 확신이 사라지고 학자금 대출이 그렇게 버거웠다고 한다. 그렇게 많은 이야기를 쏟아낸 그 학생은 이제 마음이 너무나도 가벼워져 그간 연락하지 못했던 지인들에게 저절로 이끌렸다고 이야기를 마쳤다.

앞서 언급했듯이 대학생의 진로 고민 중 많은 부분이 부모님과의 갈등과 경제적 한계로 일어난다. 유기홍 의원과 대학교육연구소가 2023년 발간한 〈대학생 삶의 비용에 관한 리포트 Ⅱ〉를 보면, 대학생 한 명이 입학부터 졸업까지 부담해야 하는 대학교육비(입학준비금, 등록금, 주거비, 생활비, 취업 준비 비용 등)는 무려 9,740만 원이니 거의 1억 원이 소요된다(4년제 사립대 인문계열 기준). 사실상 지난 2009년 이후 등록금은 동결되거나, '반값 등록금'이 시행되었으나 우리나라 대학생의 80퍼센트가 다니고 있는 사립대학 등록금을 기준으로 보면 이는 여전히 세계 최고 수준이다. 여기에 생

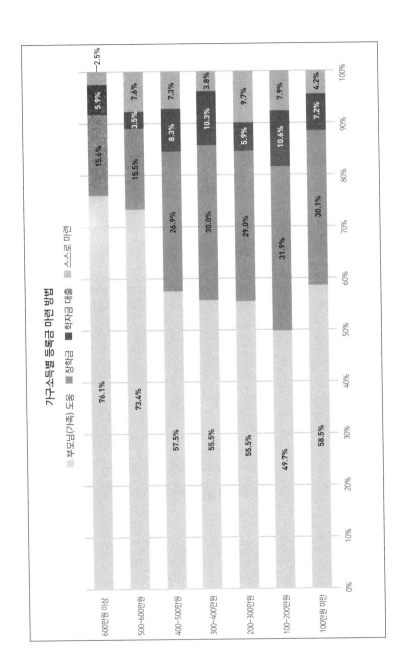

가구소득별 등록금 마련 방법

■ 부모님(가족) 도움 ■ 장학금 ■ 학자금 대출 ■ 스스로 마련

구분	부모님(가족) 도움	장학금	학자금 대출	스스로 마련
600만원 이상	76.1%	15.6%	5.9%	2.5%
500~600만원	73.4%	15.5%	3.5%	7.6%
400~500만원	57.5%	26.9%	8.3%	7.3%
300~400만원	55.5%	30.0%	10.3%	3.8%
200~300만원	55.5%	29.0%	5.9%	9.7%
100~200만원	49.7%	31.9%	10.6%	7.9%
100만원 미만	58.5%	30.1%	7.2%	4.2%

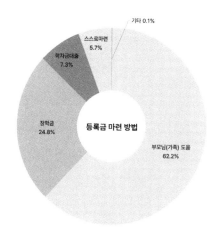

활비, 주거비 등이 지속적으로 오르고 있으니 경제적 책임을 짊어지고 있는 이의 어깨가 무거울 수밖에 없다.[38]

국가통계포털에서 공개한 대학생의 등록금 마련 방법은 대부분 부모님(가족)의 도움을 받고 있으며(62.2퍼센트), 10명 중 7명 정도가 장학금 도움 없이 대학을 다니고 있다. 학자금 대출로 등록금을 마련하는 학생은 13퍼센트로, 2021년 1학기 기준 48만 명이 넘는다. 스스로 학비를 마련하는 학생도 5.7퍼센트이기 때문에 부모님뿐만 아니라 대학에 재학 중인 학생들도 경제적 부담을 느끼는 경우가 적지 않을 것이다.[39]

이 때문인지 학비 부담과 취업에 대한 고민으로 전문대학으로 발길을 돌리는 학생이 많아지고 있다. 취업의 문이 길수록 좁아지면서 전문대 입학생 5명 중 1명꼴로 4년제 대학을 졸업하고도 취업의 문턱이 높아 전문대를 다시 찾은 경우로 나타났다. 한국교육개발원 교육통계에 따르면 전문대 전체 입학생 가운데 25세 이상 학생이 차지하는 비중이 2020년 12.1퍼센트, 2021년 16.3퍼센트, 2022년 19.2퍼센트로 해마다 증가한 것으로 집계됐는데[40] 25세 이상 입학생 대다수는 4년제 대학을 졸업하고 전문대학으로 다시 돌아온 이른바 'U턴 입학생'인 것으로 보인다. 특히 간호, 물리치료, 기계, 전자, IT 관련 학과 등 전문 직종으로 취업 연계가 자연스러운 학과가 선호된다고 한다. 경기침체로 비롯된 다양한 경제

적인 문제의 대안으로 현실적인 선택을 하는 학생들이 늘어나고 있다는 것을 보여준다.

'유턴 입학'을 하지 않더라도 부모님의 학비나 생활비 부담을 나눠 지는 재학생들은 아르바이트를 잘 활용할 수 있으면 한다. 최저 시급이 꾸준히 오르고 있고, 직무와 연관성이 있는 아르바이트를 꾸준히 하면 채용 시에도 자신의 스토리를 어필할 수 있다. 식품 제조 기업에 취업한 한 학생은 3년간 그 기업의 선물세트 포장 아르바이트를 명절마다 해왔는데 그때 간접적으로나마 경험한 물류, 상품MD, 패키지 및 유통에 대해 심도 있게 리서치해 면접에서 전문성 있게 답변할 수 있었다고 했다.

지원자가 자기 회사에서 아르바이트 경험이 1년 이상 있는 경우 서류전형을 면제하는 기업도 있다. 특히 현장 운영, 고객 응대가 중요한 외식업, 카페나 편의점 브랜드가 해당된다. 재무나 회계 분야에 관심 있는 학생은 연말정산 시즌인 겨울방학 단기 근무자를 구하는 세무, 회계 법인이나 연말정산 증빙 발급이 특히 집중되는 보험사, 병원에서 실무 경험을 해보는 것도 도움이 된다.

시나 자치구에서 실시하는 방학 중 아르바이트의 경우 고용보험, 국민연금, 건강보험 등을 가입하게 되고, 시정 현장 체험을 하거나, 서울시의 경우를 일반 행정업무 외에도 영상편집이나 DB 관리, 건설 CAD, 회계, 외국어 활용 업무 등 특화직무도 별도 운영하기 때문에 한 번쯤 도전해봐도 좋을 것이다. 집이 가깝다고, 시급이 높다고, 급하다고 아무 아르바이트나 마구잡이로 시작해 2~3개월쯤 후에 그만두는 일은 지양하기 바란다. 장기적으로 하는 것이 경력에도 도움이 되고, 미리 사회 경험을 해보며 본인의 적성이나 진로를 탐색할 수 있는 좋은 기회가 된다.

마지막으로 덧붙이자면, 본인 대학의 교내 봉사(근로) 장학생 프로그램은 가능하다면 재학 중 꼭 한 번 도전해보길 바란다. 특히 학과 사무실이나 대학 행정실은 대학 행정에 있어 고객(학생)과의 최접점이기 때문에 이곳에서 근로장학생을 하게 되면 불시에 선발 요청이 오는 외부 장학금 정보나 수업 관련 정보도 쉽게 접할 수 있다. 취업센터나 학과 게시판에 모집 공고가 올라오는 단기 근로장학생 정보도 있으니 부디 일주일에 한두 번은 학교와 학과 홈페이지를 들어가 보자. 교직원 입장에서 보면 너무 좋은 기회인데 학생들이 아쉽게 지나치는 경우가 많아 매우 안타깝다.

한 설문 조사에 의하면 많은 사람이 아르바이트로 경제적 여유를 얻었다면(47.4퍼센트), 심리적 안정감을 잃었다고(59.5퍼센트) 대답했다.[41] 보통의 경우 경제적인 이유로 아르바이트를 시작하겠지만 지금은 그 자체로 직업이라는 의미가 커졌다. 알다시피 아르바이트는 '직무' 자체를 배우는 곳이 아니라 '스킬'과 '태도'를 익히는 곳이다. "모두 경력직만 뽑으면 신입은 어디서 경력을 쌓나요"

라는 질문을 종종 듣는다. 4대 보험이 가입되고 이름 알려진 회사나 기관이 아니라도 나의 인생 한 구간 의미 있는 경험으로서 시작한 아르바이트에 나만의 의미를 부여해보자. 어떤 아이돌은 아르바이트했던 베이커리 점장이 그를 위해 주변사람들에게 오디션 프로그램의 투표를 독려해줬던 것처럼 어디서 무슨 일을 하든 빛나는 사람이 있기 마련이다.

(5)

대학 서열·학점에 주눅들지 말라

성적 부진이 노력 부족 탓만일까

"우리 아이가 머리는 좋은데 공부를 안 해요."

부모님들이 종종 하는 말이다. 우리 아이는 공부를 안 해서 성적이 나쁜 거지 머리가 나빠서 성적이 나쁜 것은 아니라는 의미이다. 당연하게도 실제 이 말이 주는 의미는 '우리 아이는 노력을 하면 공부는 잘할 수 있다'이다.

하루에 4시간 자면서 공부하면 대학 가고 5시간 자면서 공부하면 못 간다는 뜻의 '사당오락'이라는 말도 마찬가지의 맥락을 가지고 있다. 공부는 노력을 통해 잘할 수 있다는 믿음이다. 이러한 믿음이 있다 보니 수많은 가정이 아이가 초등학교 때부터 의대 또는 명문대 진학을 노리며 선행학습을 하느라 엄청난 노력과 비용을 쏟아 붓는다.

우리 사회에서 학업성취는 노력의 결과로 취급된다. 누구나 열심히 하면 공부를 잘할 수 있다고 믿는다. 그 이면에는 누구나 공부를 잘해야 한다는 암묵적인 공감대가 형성되어 있다. 유독 학벌에 집착하는 사회이다 보니 모두가 공부를 잘해야 하는 것인지, 모두가 공부를 잘해야 하다 보니 학벌에 집착하게 된 것인지는 모르겠으나, 결과적으로 공부는 노력으로 잘할 수 있고 모두가 공부는 잘해야 한다는 것이 자연스럽게 받아들여지는 것 같다. 그러다 보니 우리나라에서는 공부를 못한다는 말은 욕이 된다.

누군가 나에게 "넌 공부를 못하니 공부가 아닌 다른 길을 선택하는 것이 좋겠어"라고 이야기한다면 어떨까? 아마 10명 중 8명 정도는 화를 낼 것이다. 현재 내 성적이 반에서 절반 아래라고 하더라도 이 말은 우리 사회에서 욕이 된다.

그런데 키가 160센티미터인 정말 친한 친구가 프로농구선수가 되겠다고 친구들에게 말하면 어떨까? 4시간을 자면서 훈련하면 프로구단에 입단하고 5시간을 자면서 훈련하면 프로구단에 입단하지 못할까. 그 친구의 부모님이 우리 애가 운동신경은 좋은데 훈련을 안 해서 농구를 못 하는 것이라고 이야기한다면 여러분들은 어떻게 생각할까? 아마도 친구들은 "넌 키가 작아서 농구 못할 거야" 하면서 말릴 것이다. 그리고 이 말은 욕이 되지 않는다.

　이런 조언을 욕이라고 생각하는 사람이 있을 수는 있겠지만 사회 통념상 친구들의 진심 어린 조언이라고 생각할 사람들이 대다수일 것이다. 그러나 공부 못한다는 말은 많은 사람들이 모욕적으로 듣는다. 참 이상하지 않은가?

　물론 이러한 생각의 이면에는 공부는 최고가 되지 않아도 어느 정도의 성취를 이룰 수 있지만 스포츠나 다른 분야는 재능을 타고날 정도로 정말 잘하지 않는 이상에는 삶이 어려워질 수 있기 때문도 있다. 공부는 어느 정도의 성과만 내더라도 직업이 될 수 있지만 다른 분야는 최상위권에 들어가야 먹고살 수 있기 때문이라는 것이다. 일례로 중고등학교에서 야구를 해서 프로야구에 지명을 받을 수 있는 학생의 비율은 공부를 해서 취직을 하는 학생의 비율보다 한참 적다. 결국 공부를 하면 커리어에 있어 하방 위험을 줄일 수 있다는 것은 어느 정도 사회 상황에 맞는다는 점에는 동의한다.

성적과 똑똑함은 별개다

그러나 공부도 분명 재능의 영역이 존재하고 공부를 잘하는 사람이 공부를 잘할 수밖에 없다. 그리고 공부를 잘하는 것과 똑똑한 것은 별개이다. 물론 똑똑한 사람들이 공부도 잘할 확률이 높기 때문에 둘 사이의 양의 상관관계가 존재할 수는 있겠지만 공부를 잘하지 못하는 사람은 단지 공부에 재능이 없을 뿐이지 그 사람이 똑똑하지 않다는 소리로 확대해석하기 어렵다는 것이다.

특히나 우리나라의 대입 과정의 경우 단기적으로 집중력을 발휘해 빠르게 성과를 낼 수 있는, 그리고 스스로를 잘 통제하는 학생들이 뛰어난 성과를 낼 확률이 높다. 그러나 똑똑한 학생이더라도 이러한 방식의 교육에 맞지 않는 학생들이 꽤 많다. 그런데 우리나라에서는 공부를 잘하는 것을 똑똑하다고 이야기하는 경우가 많나. 공부 잘하는 사람=똑똑한 사람=사리에 밝고 총명한 사람으로 당연시하는 오류가 생기게 된 것이다.

그러면서도 많은 사람이 사리에 밝고 총명한 사람을 똑똑한 사람이라고 부르기도 한다. 결국 이것은 똑똑함을 어떻게 정의하냐의 문제이지만 어쨌거나 부르는 호칭이 같아 공부 잘하는 사람= 사리에 밝고 총명한 사람이라는 등식이 성립하게 된 것이라 본다.

이러한 사회적 분위기가 자신이 다니는 대학의 서열을 곧 학생의 사회적 지위로 변질시켰다고 생각한다. 그래서 많은 학생이 대학의 서열에 매우 민감하다. 좋은 학교에 다니는 학생이 더 우월하다고 생각하는 것이다. 물론 좋은 학교에 다니는 학생이 학업적으로 더 우월한 성취를 이루었을 확률이 높다. 그러나 매우 중요하기에 거듭 이야기하지만 대입 결과가 그 사람의 가치를 전적으로 반영하지는 않는다.

필자의 경우 학창시절에 아주 유명한 슬로우 스타터였다. 집중해서 공부를 하기 위해서는 사전작업이 지나치게 길었다. 책상을 정리해야 하고 조용한 공간을 확보하고 화장실에도 다녀오고 이전에 어떤 공부를 했는지 확인하고 이제부터 어떤 내용을 공부할 것인지 확인하고……. 여기에 더해 개념이나 맥락을 납득하지 못하면 암기를 하지 못한다는 치명적인 문제가 있었다. 또한 나 자신에 대한 통제력도 약했다. 당구장, 게임방, 오락실 등을 수시로 드나들었다. 당연히 한국의 교육제도 아래서 뛰어난 학생이지 못했다. 그리고 필자 스스로도 뛰어난 학생이라 생각하지 않았다. 그럼에도 불구하고 필자는 단지 성적이 좋지 못할 뿐 나 자신이 멍청한 사람이라고 생각하지는 않았다.

그리고 학부 유학 과정에서 캐나다 대학교육 체계가 필자와 잘 맞았는지 훌륭한 성적을 받을 수 있었고 덕분에 갑자기 필자는 공부를 아주 잘하는 학생이 되어버렸다. 이는 필자가 석사, 박사를 하며 공부를 더 하겠다고 마음먹는 결정적 계기가 됐다. 그러나 박사까지 끝낸 이 시점에서 나 스스로는 엄청나게 똑똑한 사람이라고 생각하지 않는다. 필자는 사회생활을 충분히 겪어보지 못해 스스로 사리에 밝지는 못하다고 생각하기 때문이다. 이는 필자만의 경우가 아니라 사회생활을 충분히 겪어보지 못한 대부분의 사람이 공감할 것이다. 물론 필자는 똑똑하지 못한 것이 또 문제라고 생각하지는 않는다, 그냥 필자는 그렇지 못한 사람일 뿐이라고 생각할 따름이다.

결국 중요한 것은 자존감이다

성적과 학벌이 취업에 도움이 된다는 것은 '부분적으로' 사실이다. 성적은 많은 경우 서류심사를 통과하는 데 도움이 된다. 앞서 학점의 중요성에 대해 말했듯 대부분의 경우 성적은 나쁜 것보다는 좋은 것이 서류 평가에 유리하다. 또한 이후 면접 단계에서도 성적이 좋다면 성실하다는 이미지를 줄 수 있다. 필자의 경험상 성적이 너무 좋아서 뽑기 싫다고 이야기하는 인터뷰어들도 가끔 있기는 하지만 성적이 좋아서 나쁠 것은 없어 보인다. 그러나 인터뷰에 있어 성적은 아주 작은 부분을 차지한다. 그보다는 그 사람의 자세나 역량 그리고 인터뷰어들에게 보이는 인상이 훨씬 더 중요하다. 결국 면접의 결과와 성적은 상당 부분 독립적일 확률이 높다.

결국 성적에 대해 필자가 말하고 싶은 것은 자존감에 대한 문제다. 한 연구에 의하면 학업성취도가 높은 학생은 시험불안과 신경증적 성향-예민함·노이로제-이 낮았고, 사회부과적 완벽주의 성향(부모나 교사 등 주변 사람들이 자신에 대해 엄격한 평가와 완벽함을 기대한다고 생각하는 경향)도 덜한 것으로 나타났다.[42] 즉, 외부의 기대에 크게 개의치 않는다는 뜻으로 해석할 수 있다. 이 학생들은 주어진 상황에서 스스로가 적절한 행동을 할 수 있다고 믿는 자기효능감이 더 높은 것으로 나타났다. 즉, 문제를 자신의 능력으로 해결할 수 있다는 자기 스스로에 대한 신념이나 기대감이 높다는 뜻이다.

학벌과 성적이 선순환 관계의 시작이 될 수 있는 이유는 좋은 학벌, 높은 성적이 자기효능감을 높일 수 있어 뛰어난 아웃풋이 나올 수 있는 통로가 될 수 있기 때문이다. 재미있는 사실은 여기서

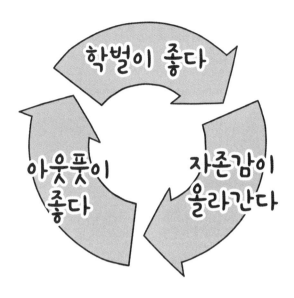

학벌이 생략되고 높은 자존감, 자기효능감만 남겨도 좋은 아웃풋이 나올 수 있다.

다만 우리가 지적하고 싶은 것은 사회에 팽배한 패배의식의 문제이다. 이는 위와 같은 선순환의 고리를 단칼에 잘라버린다. 원하는 성적을 받지 못하거나 목표로 한 대학에 입학하지 못하면 성공한 인생이 아니라고 낮춰버리는 스스로의 평가, '엄마 친구 아들/딸'과의 비교와 같은 외부의 시선이 자기효능감과 자존감을 모조리 잘라버려 다시 잡고 일어설 순환의 고리가 보이지 않게 되어버린다. 더 큰 문제는 이 '대학 서열'이 과거의 신분제도처럼 본인이 속한 '계급'을 규정하는 경우이다. 스스로 패배주의에 젖어 '내 주제에 되겠어?'라고 생각해버리는 것이다. 이렇게 스스로 가해자 이자 피해자가 된다.

'학벌이 낮아서, 성적이 낮아서 나는 안 될 거야'라는 생각으로 시도조차 하지 않으면 성공 가능성은 0퍼센트가 된다. 단 1퍼센트의 가능성이라도 만들어내는 것은 '안 되면 뭐 어때, 한 번 해보는 거지'라는 마음이다. 500페이지가 넘는 책을 하룻밤에 통독해서 자기 지식으로 만드는 것은 불가능하다. 오늘 다섯 장, 내일 열

*JOBKOREA 통계

장, 그날의 컨디션과 상황을 살피며 매일 조금씩 꾸준히 읽어가며 소화하는 것이 답이다. 일단 한 번 해보는 것이 중요하다. 단계마다 작은 성취와 만족감이 다시 나에게 돌아와 나만의 색으로 입혀질 것이다.

좋은 인터뷰어는 나만의 색, 나만의 강점을 가진 지원자를 한눈에 알아본다. 학벌과 성적은 그다음의, 아니 어쩌면 그가 들여다보지 않을 문제이다.

(6)

대학원 진학을 고려하는 학생에게

학생들이 진로와 취업에 대해 고민하는 과정에 가장 많이 했던 것이 공부다. 대입 수능을 지나 대학의 전공 공부, 어학 공부, 취업을 위한 인·적성 공부, 공무원 시험 공부, NCS 공부 등으로 이어진다. 그러다 보니 진로와 취업에 대한 고민의 답으로 또다시 공부로 돌아가 자신이 가장 익숙한 것을 다시 하고자 하는 학생들이 많다. 그리고 공부를 더 하는 방법은 정말 많다. 그중에서도 학생들이 가장 익숙하고 가장 많이 추구하는 것은 전문 자격증 공부와 대학원 준비가 대표적이라고 할 수 있다.

한국교육개발원의 통계에 의하면 지난 3년간 대학 재적 학생이 2020년 약 260만 명에서 2023년 약 236만 명으로 줄어든 반면, 대학원은 약 32만 천 명에서 33만 7천여 명으로 오히려 증가하였다. 코로나를 겪으며 대학원 진학자가 오히려 늘어난 것이다.[43]

그만큼 진로 상담으로 만나본 친구들 중 대학원에 대한 고민이 특히나 깊은 경우가 많아 여기서 함께 이야기해보고자 한다. 대학원을 고민하는 학생이라면 가장 중요한 것은 진학 목적을 분명히 할 필요가 있다. 많은 학부생들이 이야기하는 대학원 진학 이유를 정리해보면 다음과 같다.

첫째는 자신의 전공이 너무 재미있어 더 공부하고 싶다는 것이다. 대학원을 진학하는 이유 중 가장 바람직한 이유라고 할 수 있다. 석사는 특정 학문에 대한 진짜 공부의 시작이자 박사라는 진짜 공부를 할지에 대한 검증의 단계다. 대학원은 단지 지식 습득만을 목적으로 하는 곳은 아니다. 공부하는 과정에서 당연히 지식 습득이 되지만, 그보다는 '연구하는 방법'을 배우는 곳이다. 대학원에서는 자신의 관심 분야에 대해 스스로 질문을 던지고 이것을 풀어나가는 연습을 반복해 나간다.

이 과정을 '논문'의 형식에 맞춰 글을 쓰는 방법 역시 배워야 한다. 어떤 문헌을 어디서 찾아서, 얼마나 읽고, 어떻게 문제해결의 실마리를 찾아 실험 또는 조사해 나갈지는 전적으로 본인의 자유 의지에 달려있다. 자신의 전공이 너무 재미있고, 흥미로워 더 알고 싶다면 석사까지는 일단 진학해보길 권한다. 학부 때와 달리 대학원의 모든 학과목은 전공과 아주 밀접하게 관련되어 있고, 전공에 초점이 맞춰져 있기 때문이다.

다만 대학원에 가면 내가 생각했던 전공과 진짜 공부, 진짜 연구해야 할 내용이 사뭇 다를 수도 있다. 학자금도 학부에 비해 더 많이 들기 때문에 제대로 목표설정을 하지 않는다면 시간과 재정적인 낭비가 될 수 있다. 또, 대학원에 가게 되면 수업 외에도 연구실의 연구과제, 연구, 조교와 그 외 다양한 일로 쉴 새 없이 바쁘게 된다. 이런 와중에도 실험/조사하고 논문을 쓰며 자기 연구를 진행하기 위해서는 절대적으로 시간이 부족할 수도 있다.

그럼에도 불구하고 전공에 대해 확신과 애정이 있다면 석박사 통합과정이 보다 효율적이다. 석사학위 논문 제출 및 박사과정 입학전형의 시간을 절약하여 박사학위를 취득할 수 있다. 다만 석사과정은 2년간 이수를 한 다음 거취를 자유로이 결정할 수 있지만, 통합과정은 혹시라도 자기 적성에 맞지 않으면 도중에 그만두기가 상당히 까다롭고, 최악의 경우 석사학위조차 받지 못해 2년 넘는 시간을 허비할 수 있기 때문에 신중한 결정이 필요하다.

직업에 따라서는 대학원 학위소지자가 아니면 해당 분야에서 일하기 힘든 경우도 있다. 심리학이 대표적인 예이다. 전문 직업 분야의 인력양성을 목표로 하는 법학/의학/치의학 전문대학원의 경우 이러한 직업인으로 일하려면 해당 대학원 학위가 필수적이다. 직업으로서 연구직이나 교수를 염두하는 경우도 마찬가지이다.

둘째, 교수님이 대학원이 잘 맞을 것 같다며 진학해보라고 권한 경우다. 대학원 진학을 고민하며 필자에게 상담하러 오는 학생들의 경우 자신의 전공이 너무 재미있어서라는 이유보다는 (다른) 교수님이 대학원이 잘 맞을 것 같으니 진학해보라고 권해서 오는 경우가 압도적으로 많다. 이들이 걱정하는 포인트들이 아주 다양하다. '나를 낚는 것은 아닐까?', '대학원에 가면 '연구노예'가 되는 것은 아닐까?'부터 '내가 진짜 공부를 잘할 역량이 있는 것일까?', '대학원이 취직에 도움이 될까?', '석사를 하면 박사를 꼭 해야 하나?', '경제적으로 부담이 될까?' 등 학생들은 정말 다양하고도 다양한 고민을 안고 찾아온다.

일반적으로 교수들은 대학원 공부를 잘할 것 같은 학생들을 잘 찾아낸다. 교수의 조언이 진심이라면 본인은 대학원 공부를 잘할 확률이 높다. 그렇지만 여기서 자기 선호와 방향성을 고려하는 것이 중요하다. 자기가 아무리 잘할 수 있는 역량을 가지고 있다고 하더라도 자기가 하기 싫거나, 자기 진로에 대학원 진학이 무의미하면 굳이 진학할 필요는 없다. 대학원은 본인의 연구 외에도 지도교수의 조교 역할을 하며 연구실 운영의 일원이 되어야 하기 때문에 자신의 진로를 명확히 생각하지 않고 덜컥 진학해버리면 이리저리 휩쓸리기 쉽다.

또 학부와 다르게 교수의 세부 전공을 자세히 알아야 한다. 대학원 진학 전 학교 홈페이지에서 지도교수의 논문을 반드시 꼼꼼히 들여다보자. 대부분 대학은 논문 열람 플랫폼을 구독하고 있기 때문에 교내 네트워크로 학술정보 검색사이트에 접속해 논문 제목을 찾아보면 논문 전문 열람이 가능하다. 자기가 흥미가 가는 분야, 더 알고 싶은 분야와 교수의 논문, 연구 분야가 일치하는지 반드시 미리 확인해보자.

가능하다면 해당 교수의 연구실에서 대학원 과정을 밟고 있는 선배와 미리 이야기를 나눠보는 것이 좋다. 연구과제가 많은 연구실의 장단점이 있고, 과제가 적은 연구실의 장단점이 있다. 대부분 대학원생의 졸업 논문도 연구실에 따라 비슷한 주제로 작성되기 때문에 앞으로 자신의 진로와 아주 밀접한 관련이 있다. 연구실마다 교수뿐만 아니라 현재 기준 구성원에 따라서도 분위기가 많이 다르다.

지도교수의 정년 역시 중요한 고려 요소다. 대학원 과정 이수 중 지도교수가 바뀐다면 지금까지 교수와 논의해온 논문 주제 전개에 대한 지도가 현실적으로 쉽지 않다. 지원하는 학교의 석사, 박사 재학 연한과 본인의 졸업 연도를 고려하여 타임라인을 미리 계획하기 바란다.

셋째 그 업계의 사람들을 만나고 싶어서 진학하는 학생들도 있다. 대학원은 크게 일반 대학원, 전문대학원, 특수 대학원으로 나뉜다. 일반 대학원은 이론 학습과 학술 연구를 목적으로 전공을 세분화, 심화하여 수업한다. 석사와 박사학위 모두 취득 가능하며, 일반적으로 전일제를 기본으로 하기 때문에 직장과 병행하기는 어렵다. 전문대학원은 특정 직업 분야의 전문가를 양성하는 곳으로 법학전문대학원(로스쿨), 의학전문대학원, 치의학전문대학원, 경영전문대학원 등이 이에 속한다. 학부와 연계되어있지 않고, 별도의 전문 교원과 시설을 갖추고 있다. 마찬가지로 전일제로 주간 수업을 진행한다. 마지막으로 특수 대학원은 직업인이나 일반 성인을 위한 계속 교육을 하는 것이 주목적이다. 실천적 이론과 실무 교육을 중심으로 대부분 학부 선공보다는 현재 종사하고 있는 업에 따라 전공을 선택하기 때문에 '업계 사람을 만나고 싶다'는 희망은 특수 대학원을 염두에 둔 것이라 생각된다. 학부와 교육내용이 연결되고 야간이나 주말 수업이 많기 때문에 재학생 중 직장인 비율이 높다. 일부 학과의 경우 해당 영역의 재직자 재학생 선호도가 높기 때문에 실제 업계 사람을 만나는 데 도움이 되기도 하지만 여러 기회비용과 고려했을 때 사회적 교류만을 위해 대학원 진학을 선택하기에는 부담이 따른다. 전공 학습과 학술 연구에 대한 마음가짐이 최우선이다.

넷째 취업을 위한 시간을 벌고 싶어 진학하는 경우다. 지극히 현실적인 답변이다. 사실 많은 학부생들은 2, 3학년 전공 수업을 들으며 시간을 갖고 천천히 석사과정을 고려하기보다는 마지막 학기를 겪으며 취업 준비 기간이 늘어나 공백이 길어지는 것을 염려해 그제야 대학원 진학을 고민한다. 하지만 이런 지원자를 면접하는 인터뷰어는 오래 버티지 못할 것을 걱정하기 마련이다. 석사학위는 몇몇 분야를 제외하고는 실무에 특별한 효과가 없다. 대학원 재학 기간 중 오히려 학자금이라는 비용이 발생하고, 현장에서 근무하며 얻을 수 있는 경력도 포기해야 하는 기회비용이 생긴다. 전공과 다른 분야에서 구직을 하려면 진학 사유에 대해 명확히 납득할 만한 이유가 있어야 한다. 대학원 학위가 높은 연봉을 보장하지도 않는다.

마지막으로 최종 졸업 학력과 학교를 바꾸고 싶어 대학원 진학을 희망하는 학생도 있다. 이 역시 지극히 현실적인 답변이다. 대학별 입학생 평균 대입성적을 추정해 학력 수준을 상위권대(10개), 중상위권대(30개), 중위권대(40개)로 나눠 조사한 한 연구에 의하면 학력 수준이 높을수록 생활 전반의 만족도도 높아지는 것으로 나타났다. 유효 응답자 9948명 중 자신의 생활을 만족한다고 응답한 비율은 30.2퍼센트(3,095명)였으나 상위권대 출신 중에서 만족한다고 답한 비율은 54.0퍼센트로 나타났다. 중상위권대는 46.4 퍼센트, 중위권대는 42.4퍼센트, 기타 4년제대는 46.2퍼센트가 만족한다고 답해 상위권대와 비교했을 때 상대적으로 만족도가 낮았다.[44] 다만 학벌에서 오는 자기효능감에 대해 앞서 말했듯이 이는 자기 스스로에 대한 자신감이나 기대감을 높일 수 있다는 뜻이지 학력과 학교가 나의 인생과 진로에 있어 결정적이고 유일한 문제 해결 수단은 아니다.

대학원 공부에서 가장 중요한 부분은 문제 설정 및 해결을 스스로 한다는 것이다. 주입식 교육을 받고 자란 우리나라 사람들은 문제를 제기하는 것부터 어려워한다. 주어진 문제를 빠르고 정확하게 풀어내는 것에 익숙해진 탓이다. 대학원에서는 문제 제기부터 방법 설정, 문제해결의 과정에 이르기까지 과정을 반복하며 논리적 사고를 길러낸다. 발제와 토론을 겪으며 논점을 파악하는 능력이 생기고 논리적으로 말하는 훈련도 반복적으로 이루어진다. 학력과 학교 네임 밸류를 떠나 대학원 과정을 통해 이런 성장의 기회를 가질 수 있다는 것이 의미가 있다.

덧붙이자면 대학원 진학을 고려하고 있는 학생은 자기를 객관적으로 판단할 수 있어야 한다. 자기의 경제적 상황, 학업 성취도, 앞으로 계획한 커리어 플랜 등 제3자의 시각으로 냉정하게 분석해야 한다. 사실 판단 자체는 일반적으로 어렵지 않다. 이 판단의 결과를 받아들이는 데 개인별 편차가 있을 뿐이다.

공부를 잘하는 것이 인생의 목표가 아니고 나의 가치를 판단하는 기준도 아님을 명심하자. 또, 내 진로와 커리어에 대학원 졸업생에 대한 수요가 있는지도 객관적으로 볼 수 있어야 한다. 수많은 학생이 스스로 진로와 커리어 방향을 잡지 못하기 때문에 이 역시 매우 어렵게 생각한다. 대학원이 나에게 필요한가를 판단하기 어렵다면 대학원은 어떤 사람에게 필요할까를 객관적으로 따져보고 거기에 내가 맞는 사람인지를 생각해보자.

코로나 사태 이후 사회는 불투명하고 불확실성이 매우 크다. 따라서 많은 전문가가 '문제해결 능력'과 '유연성'을 필요한 역량으로 꼽는다. 여기에 4차 산업혁명, 인공지능이라는 요소가 더해져 이미 발생한 문제의 해결뿐만 아니라 인간만의 고유 영역으로서 '문제 제기' 또한 잘할 수 있어야 한다. 학위가 빛나는 미래를 보장하지는 않지만 대학원 과정에서 이와 같은 다양한 무형의 성과를 얻을 수 있다면 새로운 기회를 탐색해 보는 것도 가치 있다고 할 수 있겠다.

먹고사는 현실적 문제에 대해

1

돈 많이 주는 직장이 최고인가요?

돈으로 행복을 살 수 있을까

'돈 많이 주는 직장이 최고인가요?'라는 질문에 대한 답을 고민하다 발견한 재미있는 연구 결과가 있다. 노벨상 수상 경제학자를 포함한 미국 연구팀이 2023년 발표한 연구 결과에 따르면 "삶에 대한 만족도는 소득에 따라 꾸준히 증가해 연봉이 10만 달러를 넘어서면서 극대화된다"고 한다. 2002년 노벨 경제학상을 수상한 경제학자이자 심리학자인 대니얼 카너먼 교수가 하버드대 심리학 박사 과정 학생들과 함께 미국에 거주하는 18~65세 성인 3만 3,391명을 대상으로 이들의 행복감을 측정한 결과다. 이들의 중위 소득은 연간 8만 5,000달러(약 1억 1,200만 원)였으며, 연봉 10만 달러 이상 버는 미국인들은 연소득이 50만 달러(약 6억 5,000만 원) 수준에 이를 때까지는 소득 증가에 비례해 행복도도 올라가는 것으로 나타났다.[45] 물론 특정 수준에 이를 때까지이지만, 돈을 많이 벌수록 행복하다는 뜻이다!

유엔 지속가능 발전해법 네트워크가 발표한 〈2023 세계행복 보고서〉에서도 돈과 행복은 높은 상관관계를 보인다. 이 행복도 조사에서 7.8점으로 1위에 오른 핀란드는 1인당 GNI(국민 총소득)가 5만 1,178달러로 한국의 1.5배다. 2~5위로 집계된 덴마크, 아이슬란드, 이스라엘, 네덜란드도 1인당 GNI가 5만~7만 달러에 이르는 고소득 국가다. 반면 저소득 국가가 많은 아프리카에서는 행복도가 6점을 넘은 나라가 하나도 없었다.[46] 부유한 나라의 국민은 더욱 깨끗하고 안전한 환경에서 생활한다. 환경오염을 줄이는 데 더 큰 비용을 쓸 수 있다. 여가 시간에 여행을 다니고, 취미활동을 즐기며, 공연과 전시를 관람하는 것도 어느 정도 물질적 조건이 갖춰졌을 때 가능한 일이다. 부의 증가와 행복의 관계는 여기에서부터 출발한다.

과거 질병관리본부가 발표한 〈한국 성인의 우울 증상 경험 보고서〉에 따르면 성인 8명 중 1명이 우울증을 겪고 있으며, 특히 가구소득이 낮을수록 우울증 경험이 많다. 하부집단일수록 우울증이 치료 가능하고 전문가의 도움을 받을 수 있는 질환이라는 인식이 낮기 때문이라는 분석이다. 경험과 인식의 부재가 불러온 결과가 인생 전반에 영향을 끼칠 수 있다고 해석할 수 있겠다.[47]

다만 카너먼 교수가 연구에서 밝힌 바와 같이 '돈으로도 행복을 살 수 없는 그룹'도 일부 존재한다. 과거에 여러 이유로 마음에 커다란 상처를 입은 경우, 사랑하는 사람이나 가족과 사별한 경험이 있는 경우, 병에 걸려 심적으로 우울한 상태에 빠져 있는 경우가 여기에 해당된다. 홍강의·정도언 교수가 정리한 스트레스 지수 순위에도 비슷한 양상이 보인다. 우리나라 사람들이 평생 받는 스트레스들을 지표화하여 순위를 매겨보면 아래 그림과 같은 순위를 따른다고 한다.[48]

이 중 '돈'과 관련된 스트레스 순위는 해고, 파면과 함께 10위권 밖이다. 대부분의 큰 스트레스는 죽음이나 이혼 등 상실과 관계

① 자식 사망	② 배우자 사망	③ 부모 사망
④ 이혼	⑤ 형제 자매 사망	⑥ 배우자 외도
⑦ 별거 후 재결합	⑧ 부모의 이혼, 재혼	⑨ 별거
⑩ 해고, 파면	⑪ 친한 친구 사망	⑫ 결혼

의 단절에서 온다. 아마 오늘날 기준으로 다시 한 번 동일한 연구를 한다면 반려동물의 사망 역시 돈과 관련된 스트레스 순위보다 훨씬 앞설 것이다. 많은 돈을 가졌어도 여전히 슬픔과 우울함을 느끼는 사람들에게 불행의 근원은 어쩌면 돈으로 고칠 수 없는 것일 수도 있다.

'돈이 많을수록 행복하다'는 주장에 대해 '이스털린의 역설'처럼 돈에도 한계효용 체감의 법칙이 작용한다는 반박 또한 존재한다. 한계효용은 재화나 서비스를 하나 더 이용할 때 각자가 느끼는 효용(만족)을 말한다. 월 소득이 1억 원인 사람에게 100만 원이

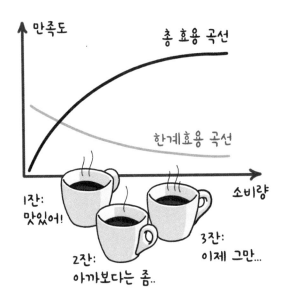

주어졌을 때와 월 소득 100만 원인 사람에게 100만 원을 추가로 더 지급했을 때의 의미는 다를 것이다. 무더운 여름날 시원한 아이스 아메리카노 한 잔으로 얻어지는 행복감이 100이라면 두 잔, 세 잔 마실수록 이 행복감은 급격히 감소한다. 돈이 많을수록 행복감이 높아지다가도, 어느 수준을 넘어가면 돈이 행복에 미치는 영향이 크지 않을 수 있다.

직업은 돈을 버는 수단일 뿐일까?

'돈 많이 주는 직장이 최고인가'라는 질문으로 돌아가 돈이 아닌 직업의 관점에서 본다면 직장은 나의 진로와 직업을 일상으로 연결해 주는 아주 중요한 고리라는 것을 첫 번째로 기억해야 한다. 내가 좋아하든, 즐기든, 잘하든 모든 직업은 나의 생계를 스스로 유지하는 성인으로서 경제활동을 한다는 기반에서 출발한다.

그러나 요즘의 추세는 이와 반대로 가고 있는 것 같다. 인크루트에서 매년 발표하는 '대학생이 뽑은 일하고 싶은 기업'[49] 조사에서 대학생이 기업을 선택하는 이유가 과거 몇 년간은 본인의 관심 업종 여부, 기업의 성장 가능성과 비전, 선도 기업 이미지 등이 다양하고 입체적이었다면, 최근 2년간은 만족스러운 급여와 보싱제도가 가장 큰 이유로 나타났다. 과거에는 배움의 기회를 통한 커리어 성장을 원하는 대학생이 많았다면 최근 들어 현실적이고 확실한 보상이 더 큰 요소로 지목된다는 것이다.

비슷한 맥락에서 통계청의 '2023년 사회조사'에 따르면 13~19세 청소년 가운데 35.7퍼센트는 직업을 고를 때 가장 중요하게 생각하는 요인이 '수입'이라고 답했다. 이어진 응답 비율은 적성·흥미(30.6퍼센트), 안정성(16.0퍼센트), 발전성·장래성(4.9퍼센트), 명예·명성(4.5퍼센트) 순이었다. 2013년 같은 조사에서는 적성·흥미가 38.1퍼센트로 1위였고, 수입과 안정성은 각 25.5퍼센트, 18.6퍼센트를 차지했으니, 10년 전과 비교하면 직업 선택의 이유로 '수입'을 선택한 학생이 10.2퍼센트포인트 늘어난 것이다.[50]

중고등학교 교육의 목표가 좋은 대학에 가기 위해서고, 좋은 대학에 가는 이유는 돈 잘 벌고 사회적 지위를 가진 직업을 갖기 위해서라는 단순한 사고가 사회에 만연하니 이러한 통계 결과가 나올 수밖에 없다. 'N잡러(여러 개의 직업을 가진 이)'와 '긱잡(Gig job·필요할 때마다 단기·임시적으로 찾는 일)'과 같은 신조어의 등장에는 '소득을 늘리기 위함'이 가장 크게 작용했다는 사실이 우리 사회의 단면을 잘 보여준다. 더욱이 코로나로 많은 분야에서 경제활동이 위축되었고, 그 변화가 고스란히 개인의 가계에 영향을 미치게 되었다. 언제 해고될지 모르는 수동적인 직장인의 위치에 대한 불안감 또한 더욱 커질 수밖에 없다. 실제로도 물가는 매년 지속적으로 상승하고 있지만 호봉 상한제, 임금 피크제 등의 도입으로 제자리걸음인 급여로만 살아가기가 갈수록 쉽지 않다.

앞서 'N수 하는 사회'에 대한 지적처럼 다양한 가치에 대한 추구, 다양한 삶의 방식에 대한 존중, 다양한 진로 선택의 고민이 필요하다. 인생의 갈림길에서 내려야 하는 선택은 '돈을 많이 벌겠다' 같은 일차원적인 목표가 아닌 나의 정체성, 나의 내면에서 시작되어야 일관되고 지속 가능한 선택을 할 수 있다. 단순하게 '천만 원을 모으겠다'는 목표는 달성되는 순간 그 이상의 가치를 갖지 못한다. 천만 원을 모아서 '무엇'을 할 건지가 더욱 중요하다. '덕업일치'가 인정받고 하나든 여러 개든 직업 안에서 자아성취 욕구를 충족시키며 자신 안에 에너지를 불어넣을 수 있어야 한다.

필자 본인도 대학에서 월급을 받는 급여생활자이지만 나만의 브랜드를 만들고 다양한 대상에게 닿을 수 있는 이야기를 쓰고 싶어 이렇게 책을 집필하고 있다. 스스로 만들어낸 에너지 안에서 다양한 취미와 흥미를 찾아낸, 다채로운 이유를 가진 'N잡러'들을 함께 응원하고 싶다.

2

대기업만 좋은 직장인가요?

'N수 공화국', 2023년 대한민국

대학 행정실에서 근무하고 있다 보면 대기업 신입사원 공채 시즌
마다 학생들 사이에서 들려오는 이야기 소리에 "너 (원서) 몇 개 썼
어?"라는 질문이 꼭 들어있다. 물론 자신의 선호와 흥미를 고려한
직무를 반영해 다양한 기업에 지원한 경우도 있지만 대부분의 경
우 '이 중 하나는 걸리겠지'하는 심정으로 마치 투망을 던지듯 지
원하는 경우가 많다. 최근의 트렌드는 조금 다른 것 같지만 한동안
10개, 20개는 기본이고 50개 이상 기업에 지원하는 학생도 만난
적이 있다.

대한상공회의소가 실시한 '청년세대 직장 선호도조사' 결과,
청년들이 선호하는 직장은 대기업(64.3퍼센트), 공공부문(44.0퍼센

트), 중견기업(36.0퍼센트) 순이었다. 중소기업을 선호한다는 응답은 대기업의 4분의 1수준인 15.7퍼센트뿐이었다.[51] '정년보장'이라는 안정적인 매력이 빛났던 공무원, 공공기관에 대한 선호도 역시 상대적으로 떨어지고 급여를 포함한 처우, 조직문화, 근무환경 등이 직장 선택의 더 큰 이유로 꼽힌다.

다만 대학 현장에서 관찰한 바로는 본인의 흥미와 적성을 뒤로한 채 '간판'만 보고 지원서를 남발하는 경우도 적지 않다. 이번 채용에 실패하면? 졸업 유예를 해서라도 다음번 공채를 노린다. 어디서 많이 본 모습 같지 않은가? '수능 중독'과 같은 신조어가 탄생한 '의대 N수'가 떠오르는 모습이다.

지난 3년간 의과대학 정시 합격자의 78.6퍼센트가 'N수생'

이었다는 조사가 있다. 구체적으로는 재수생이 42.5퍼센트, 3수생 23.2퍼센트, 4수생이 13.0퍼센트였다. '현역'인 고교생은 20.2퍼센트였다.[52] 안정적인 소득과 신분을 위한 자발적 'N수생'들은 대입에 이어 구직 시장까지 이어진다. 또 다른 조사에 따르면 "나와 맞는 직무나 회사를 찾을 때까지 취업 'N수생'이 될 의향이 있냐"는 질문에 그렇다고 답한 응답자 비율은 64.6퍼센트에 달했다. 반면 자신과 맞지 않는 부분이 있더라도 재직 중인 회사에 다니겠다는 답변은 32.8퍼센트에 그쳤다.

'어렵게 취업에 성공한 직장에서 퇴사를 결심하게 되는 가장 큰 이유'로는 "해당 직무가 나와 맞지 않아서"(28.5퍼센트), "급여나 복지가 생각한 것과 달라서"(24.1퍼센트) 등이 꼽혔다.[53] 내가 좋아하는 것, 내가 잘하는 것, 내가 하고 싶은 것을 종합해 직무에 대해 구체적으로 고민해본 적이 없으니 많은 사람이 선호하는 기업에 지원하고, 내 현재 상황에서 합격 가능성이 큰 직무를 지원서에 적어낸다. 수능 점수에 맞춰 학과를 정하는 몇 년 전 본인의 상황과 크게 달라진 것이 없다.

연봉만을 고려한 취업인 경우도 마찬가지다. 통계청의 '2023년 사회조사' 결과에 따르면, 20~29세 조사 참여자가 직업을 선택할 때 가장 중요하게 생각하는 것으로 36.5퍼센트가 수입을 꼽았고 이어 안정성 19.8퍼센트, 적성·흥미 21.5퍼센트, 근무환경 9.6

퍼센트, 발전성·미래성 4.3퍼센트, 보람·자아실현 3.5퍼센트, 명예·명성 4.0퍼센트 순으로 답했다. 10대 답변자의 30.6퍼센트가 적성과 흥미를 구직의 중요 요소로 답한 반면 20대는 10퍼센트포인트 가까이 감소한다.[54] 물론 두 연령대 모두 수입을 가장 큰 이유로 꼽지만 실제 구직 시장을 눈앞에 두고는 정작 가장 중요한 '나'에 대한 고려는 더욱 희미해진다.

한편으로 이해가 가는 것은 대기업-중소기업의 월급 격차가 적지 않은 것이 현실이기 때문이다. 국가통계포털의 통계에 따르면 2021년 대기업 근로자의 평균 세전 월 소득은 563만 원으로 중소기업 근로자의 월 소득 266만 원의 약 2.1배였다. 30대 초반 대기업 근로자의 경우, 같은 연령대의 중소기업 근로자보다 209만 원 더 벌고 50대 초반의 대기업 근로자는 같은 연령대의 중소기업 근로자보다 461만 원이나 더 버는 것으로 나타났다.[55] 초임부터 간격이 발생하지만 임금 상승률도 차이가 적지 않은 것이다.

급여 외의 복지도 마찬가지다. 2022년 말 기준 300인 미만 기업체의 복지비용은 근로자 1인당 월 13만 6,900원으로, 300인 이상 기업체 40만 900원의 34.1퍼센트 수준이었다. 10년 전인 2012년에는 월 16만 3,000원으로 300인 이상(25만 500원)의 65.1퍼센트 수준이었던 것에 비해 크게 줄어들었다. 식사비와 교통비, 자녀 학비 보조 등 기업이 직원들에게 제공하는 각종 복지 혜택에서 대기업과 중소기업의 격차가 갈수록 커지는 양극화가 심해지고 있다. 특히 자녀 학비 보조비용과 건강·보건비용의 차이가 커 300인 미만 기업의 자녀 학비 보조 비용(월 4,900원)은 300인 이상(3만 6,200원)의 13.5퍼센트 수준으로 나타났다.[56]

이런 현실에 반해 중소기업에서 경험을 쌓은 뒤 대기업으로 이직하는 '취업 사다리'는 흔하지 않아 2021년 기준 중소기업에서 일했던 근로자 중 2.6퍼센트만이 대기업 근로자가 된 것으로 나타났다.[57] 처음부터 대기업 아니면 'N수'하겠다는 학생들의 선택이 이해되는 지점이다. 취업을 준비하는 학생들이 다양한 기업으로 눈을 돌려 지원하길 호소할 수만은 없는 현실이다.

대한민국 99.9퍼센트, 그 한계를 극복하기 위해서

수많은 청년이 화려한 '간판'의 대기업에 입사하기 위해 청춘을 쏟아붓는 동안 우리나라 일자리의 81퍼센트를 차지하는 중소기업은 인력난에 휘청거리고 있다.

2020년 기준 중소기업은 728만 6,000개로 전체 기업에서 차지하는 비중이 무려 99.9퍼센트이다. 전체 일자리 2558만 개 중 대기업 일자리는 16.6퍼센트인 424만 개인데 반해, 중소기업은

1588개로 62.1퍼센트를 차지한다(기타 비영리 기업 546만 개·21.3퍼센트).[58] 많은 청년이 중소기업 근로조건 개선이 필요하다는 생각을 하고 있으며, 구체적으로 '임금수준 향상'(78.0퍼센트), '워라밸 보장'(62.0퍼센트), '수평적 조직문화 조성'(42.0퍼센트), '안전한 일터 조성'(39.0퍼센트) 등이 필요하다고 답했다. 구직난과 구인난이 동시에 발생하고 있는 기형적인 구조의 시작이 여기에 있다.[59] 대기업-중소기업 간 양극화가 존재한다는 사실을 알면서도 아무것도 하지 않고 있는다면 인력 수급의 격차는 더욱 커질 수밖에 없다.

중소기업중앙회가 2019년부터 3년 5개월간 각종 SNS와 온라인 게시판에 나타난 MZ세대의 중소기업 취업 관련 데이터 26만 8,329건을 분석해보니 근무시간(25.8퍼센트), 자기 성장 가능성(21.3퍼센트), 급여 수준(17.3퍼센트), 조직 문화(13.1퍼센트) 순으로 중요 키워드가 나타났다.[60] 중소기업에 근무하고 있는 청년들은 자기 성장 가능성을 생각보다 중요하게 여기고 있다. 실제로 중소기업에 지원하는 많은 구직자가 중소기업에 대해 비교적 다양하고 폭넓은 업무 경험을 발판으로 성장할 수 있는 기회로 인식하기도 한다.

구직 단계에 있는 오늘날의 청년들은 기본적으로 기술에 대한 호감도가 높고, 여러 차례 금융위기를 겪으며 경제적 안정성을 강하게 추구하며, 개성과 다양성, 자유, 즐거움, 유연성 등을 중요하게 여긴다. 여행, 자기계발, 운동 등 개인의 삶에도 높은 가치를 둔다. 기업의 구성원으로 일하게 된다면 기업을 '위해서'가 아니라 조직과 '함께' 일한다고 생각한다. 이런 사실들을 기반으로 근무시간 및 형태의 유연화, 맞춤형 중소/중견기업을 쉽게 찾을 수 있는 플랫폼 확대, 각 기업의 적극적인 온라인 채널 활용을 통한 기업정보 공개와 안내, 지속적인 인지도 제고를 위한 노력 등 기업과 정부가 함께 노력해야 할 영역들이 남아있다.

높은 급여와 다양한 복지가, 물론 무시할 수 없는 현실적인 요소이긴 하나, 무조건적인, 그리고 최우선적인 장점인 것만은 아니다. 인재를 붙잡기 위한 기업들의 다양한 노력을 한 번쯤 구체적으로 들여다볼 필요가 있다. 큰 조직에서 한두 가지의 직무를 오랫동안 경험하며 전문성을 쌓을 수도 있겠지만 재무회계, 마케팅, 인사 등 다양한 영역을 넘나들며 실무를 익히는 편이 자신의 사업체를 꾸리는 데 더 유용할 수도 있다고 여기는 학생도 분명 적지 않다. 큰 조직이 오랜 시간을 들여 구축한 시스템은 개인이 쉽게 바꿀 수 없다. 선임, 팀장, 부서장, 파트장 등 여러 이름을 달고 있는 상사들의 결재 없이는 움직일 수 없는 일들이 많다. 큰 조직인 만큼 개인의 업무 배정 역시 나의 희망과 다르게 흘러갈 수도 있을 것이다. 면세점 마케팅 부문으로 입사한 필자 역시 첫 1년은 중국인 여행사를 대상으로 현장 세일즈부터 시작했다.

많은 사람이 선호하는 선택지의 안정성만을 추구하기에는 내가 너무 소중하지 않은가? 취업준비생 여러분이 본인의 목소리를 제대로 들어봤는지 다시 한 번 묻고 싶어지는 대목이다.

3

공무원 아직도 괜찮은 직업인가요?

93 : 1 vs 23 : 1

옛날 옛날 아주 먼 옛날, 대학 졸업과 동시에 기업이 앞다투어 학생을 모셔가던 때가 있었다고 했다. 대기업에서 3, 4학년 학생들에게 장학금을 주며 우리 기업에 와주십사 미리 '찜'해가며 '입도선매(立稻先賣·아직 논에서 자라고 있는 벼를 미리 파는 일)'하는 일이 흔했다고 했다. 그즈음 9급 공무원 시험 경쟁률은 40대 1 정도였다(1990년대 중반 기준).

그러던 중 97년 말 외환위기가 닥쳤다. 이듬해인 98~99년 졸업하는 이들은 '저주받은 학번'으로 불릴 정도로 취업 시장은 혹독했다. 어렵사리 합격했다가 하루 만에 취소통보를 받는 일도, 입사 후에 월급을 제대로 받지 못하는 일도, 다니던 회사가 갑자기 문을 닫는 일도 허다했다. '졸업 유예'라는 말이 처음 등장한 때이기도 하다. 98년 공무원 시험 경쟁률은 80대 1로 치솟았다. 글로벌 경제 위기 직후인 2011년에는 역대 최대인 93대 1이었다. 이렇게 경제 위기마다 공무원 시험 경쟁률은 신기록을 세웠다. 그러던 경쟁률이 20여 년이 지난 2023년 23대 1로 집계됐다. 92년 19대 1을 기록한 이후 가장 낮은 수치다.[61] 격세지감이 느껴진다.

학령인구 감소가 그 원인 중 하나이지만 경제 위기마다 '안정성'이 돋보이던 공무원에 대한 선호가 크게 감소하고 있다는 분석이다. 일반 기업과 비교했을 때 약소한 월급과 기대보다 좋지 않은 워라밸(일과 생활의 균형)은 통계청의 '2023년 사회조사' 결과와 같

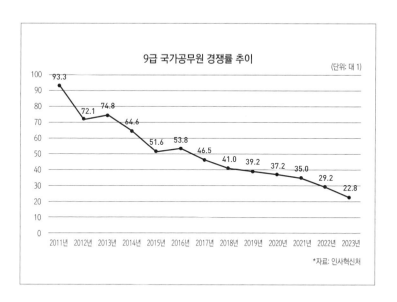

9급 국가공무원 경쟁률 추이

(단위: 대 1)

2011년 93.3 2012년 72.1 2013년 74.8 2014년 64.6 2015년 51.6 2016년 53.8 2017년 46.5 2018년 41.0 2019년 39.2 2020년 37.2 2021년 35.0 2022년 29.2 2023년 22.8

*자료: 인사혁신처

이 직장을 선택할 때 '수입'을 가장 중요하게 본다는 요즘 20대의 마음과 꽤 동떨어져 보인다. 상대적으로 높았던 연금 보장액도 여러 번 개정을 거쳐 더 내고 덜 받는 시스템으로 바뀌어 갔다. 정년을 보장받기보다는 현실적이고 즉각적인 보상을 중요시하고 자신이 좋아하는 일을 하며 스스로의 가치를 높이고 싶어 하는 요즘 세대에게 특히 위계질서, 연공서열 중심의 공무원직은 매력이 없다.

실제로 재학 중 공무원 시험을 준비해 합격한 학생이 졸업 후 몇 년간 구청에서 근무하며 한 번씩 필자를 찾아와 호소하던 것은 생각보다 야근이 너무 많은 반면 그나마 야근을 하지 않으면 일반 기업에 비해 급여가 상당히 적다는 것이었다. 승진 순서도 뻔하고, 타 부서나 지역으로 전출을 가더라도 거기서 거기라 크게 의욕이 생기지 않는다는 이야기도 덧붙였다.

인재 유치에 있어 발등에 불이 떨어진 정부는 하위 실무직에 대한 처우개선을 지속적으로 적극 검토하고, 원서 접수 기간을 연장하거나, 인재상을 재정립해 채용제도를 개선하겠다고 한다. 2025년부터는 9급 공무원 시험 과목 일부의 출제 기조를 직무능력 중심으로 바꾸고 민간 채용과의 호환성을 높일 예정이다. 인사혁신처장이 직접 공직박람회에 나서 연봉 개선을 추진하겠다고까지 한다. 그만큼 절박해진 분위기다.

그래도 공무원?

경쟁률만 본다면 분명 과거에 비해 줄어들긴 했지만 취업준비생 10명 중 3명은 여전히 공무원 시험을 준비하고 있다.[62] 현재도 공무원 시험을 준비 중이라고 답한 청년들은 '정년 보장'(56.8퍼센트), '노후연금'(31.9퍼센트), '경기침체로 취업이 힘들어서'(29.5퍼센트) 등을 지원 이유로 꼽았다(복수 응답).[63] 이런 '공시생'들이 경제활동에 참여하지 않고 시험 준비를 하는 데 따라 발생하는 경제적 기회비용이 21조 7,689억 원에 이른다는 연구 결과도 있다.[64]

공무원도 직군과 직렬(직종)에 따라 여러 분류가 있지만 가장 많은 사람이 준비하는 일반행정직을 기준으로 본다면 재무, 인사, 기획, 홍보, 자료관리 및 민원 응대 등 별도의 직렬(직종)로 독립되지 않은 대부분의 업무를 수행한다. 업무의 스펙트럼이 매우 넓다는 뜻이며, 누구나 어떤 업무에든 투입될 수 있다는 뜻이다. 예를 들어 내근직으로 지자체 홍보 업무를 담당하다가 인사이동이 되면 직접 발로 뛰는 외근 단속직으로 이동될 수도 있다.

지방직 공무원일수록 예산과 인력문제로 다양한 업무를 수행하게 될 가능성이 크니 인사이동 시기에 유난히 스트레스를 받는 사람들도 있다. 또 반면 지역적으로 큰 이동 없이 예측 가능한 곳의 직장을 안정적으로 다닐 수 있다는 장점도 있다. 대부분 업무에서 문서작성과 기록물 보관 등에 꼼꼼함이 요구되고, 복지와 대민 업무를 수행할 때에는 봉사 정신과 역지사지할 줄 아는 세심함이 특히 필요하다. 무엇보다 공무원은 조직 생활에 적합해야 하고, 청렴함과 책임감도 필수다. 다만 일정한 행정권이 주어지고 그 권한 안에서 남을 도울 수 있다는 점도 꽤 매력적이다. 일에서 오는 만족감과 보람이 적지 않다.

사실 공무원의 가장 큰 장점은 조직 운영에 있어 분명한 기준이 존재한다는 것일 것 같다. 필자가 기업에서 학교로 직장을 옮기고 가장 적응하기 어려웠던 것이 바로 '규정'과 '문서'의 중요성이 특히 높다는 것이다. 초반에는 '뭐, 이렇게까지 문서를 분류하고, 작성하나' 싶은 적이 많았지만 근무한 지 십여 년이 지난 지금은 그 취지를 충분히 공감하고 있다. 대학이 학생의 등록금으로 운영되는 교육기관인 만큼 누구도 함부로 등록금을 유용할 수 없도록 기준을 단단히 지키고, 업무 수행 기록을 남기는 것이 매우 중요하다. 공무원의 인사관리와 업무도 지방공무원법을 기준으로 움직이기 때문에 대학과 비슷한 상황이다. 국민의 세금으로 월급을 받는 만큼 기준을 지키는 청렴함과 책임감이 반드시 필요하다.

'규정'이 존재함으로써 공무원법에 해당하는 해임, 징계 사유가 아닌 이상 '사측의 사정'으로 인한 '권고사직' 등 예측하기 어려운 인사상 불이익이 없는 것 또한 큰 장점 중 하나이다. 대부분 정년까지 오랜 시간 함께 일해야 하는 동료들이고 부처마다 차이는 있겠지만 과열된 성과 경쟁도 덜하니 조직 내 분위기도 부드러운 편이다. 조동훈 교수 팀이 발표한 논문에서 한국의 공공부문이 민간부문보다 출산휴가나 육아 관련 지원 등 성 평등 관련 법안을 잘 지켜 일과 가정을 병행하기가 쉽다는 점 등을 이유로 유능한 여성 인재가 선호한다고 밝혔다.[64-1]

　　반면 성과 경쟁이 덜하다는 점에서 발생하는 단점 중 하나는 경직된 인사 구조이다. 획기적인 기획안과 실행성과를 가져온 30대 임원, 40대 부사장 발탁 소식이 자주 들려오는 민간 기업에 비해 근무연수나 재직경력을 기준으로 하는 '근속 승진'을 기본으로 하기 때문에 적극적인 동기부여가 떨어진다는 인식이 강하다. 이에 대응하여 공무원 조직에 활력을 불어넣고자 하는 노력도 계속되고 있다.

　　현재 기준 9급으로 시작해 3급을 다는 데까지 16년이 걸리는 승진 소요 최저 연수를 2024년부터 11년으로 단축할 예정이다.[65] 한 주무관은 지방자치단체 유튜브 채널 운영 성과를 바탕으로 보통 13~15년 정도 걸리는 승진을 7년 만에 초고속으로 해내 큰 화제를 모았다. 인사혁신처에서도 젊은 공무원들이 공감하는 조직문화를 조성하기 위해 능력에 따라 승진 기회를 부여하고, 행정 성과에 대해서는 즉시 보상하고, 성과 평가와 보상의 공정성을 높이는 등 다양한 방안들을 마련해 추진 중이라고 한다.

자기 탐색과 진로 탐색, 직업 선택에 있어 반복적으로 강조하는 것은 자기 자신을 중심으로 판단할 수 있어야 한다는 것이다. 봉사 정신을 바탕으로 안정적인 환경에서 조직 생활을 꾸준히 해내는 것에 가치를 둔다면 한 번쯤은 공무원이라는 직업을 고민해 볼 법하다.

아직 막연하게 공무원을 희망하고 있는 독자들을 위해 많은 '공시생'이 준비하는 7~9급 공무원을 중심으로 현행 공무원 체제에 대해 여기서 간단히 알려드리고자 한다.

공무원이
더 궁금하다면!

기준	구분	세부내용
소속에 따라	국가공무원	행정부 각 부처 및 소속기관에서 근무
	지방공무원	서울특별시, 지방자치단체, 각 시도교육청 등에서 근무
직렬(직종)에 따라	행정직	행정, 세무, 관세, 계리, 사서, 검찰, 출입국관리, 경위 등
	기술직	건축, 토목, 공업, 농업, 시설, 전산, 운전, 보건, 의약, 간호 등
	경찰/소방/군무원	
직급에 따라	7급	국가직, 지방직
	9급	

4

창업하고 싶은데 부모님께서 반대해요

대학생 창업과 부러운 중국의 산학연 클러스터

필자가 대학을 졸업한 2010년 즈음 중국 북경에는 창업 열풍이 한창이었다. 모교 근처에 있던 중관촌中关村이라는 지역은 우리 같은 보통 학부생에게는 컴퓨터 고치러 가는 곳, 서울의 용산 정도로 생각되었지만 사실 IT 창업의 인큐베이터이자 하이테크 기업이 즐비한 국가급 첨단기술산업 개발구였다. 오늘날 레노버, 샤오미, 바이두와 같이 우리나라 사람들에게도 익숙한 기업들이 이곳에 연구개발단지를 두고 있고, 중관촌에 중심을 둔 기업에서 연간 수백 조에 이르는 매출이 일어난다.

중관촌은 주요 기업들의 연구개발단지이기도 하지만 대학생 및 대학원생과 연구기관 직원, 기업가들이 모이는 창업공간이기도

하다. 기숙사 생활을 의무적으로 하는 중국 대학생들은 삼삼오오 아이디어를 모으고, 실행전략을 세우는 데 매우 익숙하다. 베이징대, 칭화대를 비롯해 68개의 대학·대학원이 중관촌 주변에 있으며 여기에서 배출되는 졸업생들만 연간 수십만 명에 달한다. 뿐만 아니라 중국과학원 산하 연구소 40개와 중앙정부의 각 부 및 위원회 산하 연구기관 71개, 베이징시 산하 연구기관 27개, 대학부설 연구기관 269개도 위치해 있다.[66] 중국의 대표적인 산학연 클러스터인 셈이다.

중관촌이 성장하는 데는 무엇보다 정부 주도의 강력한 정책적 뒷받침이 매우 중요하게 작용하였다. 중국정부는 2015년부터 2년에 걸쳐 사업자등록증, 세무등기증, 영업허가증 등을 포함한 5개의 서류를 하나로 통일하는 오증합일伍证合一을 실시하였다. 자본금에 대한 기준을 역시 완화하여 특정 업종을 제외한 모든 기업에 대한 최저자본금의 제한을 폐지하였다.[67] 창업을 방해하는 요소 역시 적극적으로 규제했고, 창업자들의 지속가능성을 고려해 지적 재산권의 보호를 강화하고, 은행 등의 창업 관련 재정 지원을 확대했다. 연구개발비 추가 공제, 인큐베이터 우대 혜택, 초기 기업 투자자 세제 혜택 등도 함께 실행됐다.

물론 그곳 역시 코로나로 시작된 글로벌 경제위기의 영향을 완벽히 피할 수는 없었고 과열된 창업 열기가 식어가며 비이성적인 투자를 했던 투자자들이 리스크 관리에 들어가기도 했지만 2023년 다시 가본 중관촌 일대 대학가는 우리나라의 풍경과 비교해 보았을 때 누가 보아도 사뭇 다른 풍경이 펼쳐지고 있다. 중관촌과 같은 우리나라의 산학연 클러스터가 어디냐 묻는다면 대답하기 쉽지 않은 것도 현실이다.

물론 우리나라의 창업 열기도 적지 않다. 중소벤처기업부 등 11개 정부 부처가 협업해 개최하는 국내 최대 창업경진대회인 '도전! K-스타트업'에 2023년 6,187팀이 참여해 309대 1의 경쟁률을 보였다. 교육부와 과학기술정보통신부가 공동으로 매년 개최하는 학생 창업경진대회 '학생 창업 유망 팀 300'에 대한 관심도 뜨겁다. 다만 중국과 같이 국가적인 과제로 보고 적극적인 지원과 규제 철폐를 추진하기에는 걸림돌이 적지 않은 상황이다.

한국경영자총협회가 2022년 발표한 'MZ세대 미취업 청년의 창업인식' 조사에 따르면 응답자 중 72.8퍼센트는 창업을 준비 중이거나 창업할 의향이 있다고 답했다. 생각보다 꽤 높은 수치인데 그 동기로 꼽은 '보다 자유롭게 일하기 위해'(50.5퍼센트), '더 많은 경제적 수입을 위해'(46.2퍼센트), '정년 없이 오래 일하기 위해'(36.3퍼센트)(복수응답) 등을 보면 배경을 알 수 있다. IT·정보통신과 같이 새로움에 도전하는 기술형 창업보다 숙박·음식(31.0퍼센트), 도소매(17.9퍼센트) 등 생계형 창업에 더 많은 관심을 보이는

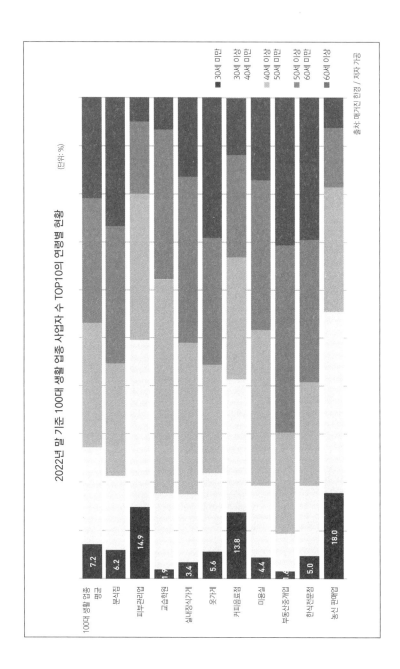

2022년 말 기준 100대 생활 업종 사업자 수 TOP10의 연령별 현황

(단위: %)

업종	30세 미만
100대 생활 업종 평균	7.2
분식집	6.2
피부관리업	14.9
교습학원	1.9
실내장식가게	3.4
옷가게	5.6
커피음료점	13.8
미용실	4.4
부동산중개업	0.6
한식전문점	5.0
통신 판매업	18.0

30세 이상 40세 미만
40세 이상 50세 미만
50세 이상 60세 미만
60세 이상

출처: 매거진 한경 / 저자 가공

추세[68]에서도 취업 시장의 불안과 연금 고갈 등 노후에 대한 염려에 기인해 상대적으로 자유롭고 트렌디한 소자본 창업에 대한 선호가 떠오르고 있음을 알 수 있다.

그러나 자영업자의 사정은 녹록지 않다. 전국경제인연합회가 2023년 조사한 '자영업자 2023년 상반기 실적 및 하반기 전망 설문조사'에 따르면 자영업자의 약 40퍼센트가 향후 3년 내 폐업을 고려하고 있다고 응답했으며 그 이유로 '영업실적 지속 악화'(29.4퍼센트), '자금 사정 악화와 대출 상환 부담'(16.7퍼센트), '경기회복 전망 불투명'(14.2퍼센트) 등을 들었다.[69] 최근 들어 계속되고 있는 인건비, 임대료 등 고정비용의 상승과 지갑을 닫고 있는 소비자 심리 등을 고려하면 이 같은 시장 상황이 당장 크게 나아질 것 같지는 않다.

기술과 아이디어를 기반으로 하는 스타트업 생태계도 비슷한 상황이다. 시중 유동성이 줄어들면서 스타트업의 자금력이 떨어지자 근무 여건에 비해 연봉, 복지 등에 대한 불만이 높아지고 있다. 스타트업 얼라이언스가 공개한 〈스타트업 트렌드 리포트 2023〉에 따르면 스타트업 근무 만족도를 묻는 질문에 재직자의 42퍼센트가 "만족한다"고 답해 전년도 49.2퍼센트보다 7.2퍼센트포인트 떨어졌다. 스타트업 재직자 중 "스타트업 근무를 추천할 의향이 있다"고 답한 비율은 31.2퍼센트로 전년보다 3.6퍼센트포인트 감소했다. 반면 "추천하지 않는다"는 15.2퍼센트로 전년 10.4퍼센트에서 상승했다.[70] 많은 스타트업 기업들이 투자 유치 실패, 혁신 절벽 등 이유로 1~2년 안에 문을 닫는다. 비교적 안정적으로 여겨지던 유니콘, 유망 스타트업 가릴 것 없이 인력 감축에 나서는 분위기가 감지되니 창업을 희망하는 학생과 그들의 부모는 갈수록 치열하게 부딪칠 것으로 보인다.

무엇보다 절실한 '기업가 정신'

유니콘 기업을 세우길 꿈꾸는 청년들이 생각하는 창업 성공 신화의 대표적 인물은 아마도 일론 머스크, 제프 베이조스, 스티브 잡스, 마크 저커버그나 래리 페이지 같이 지금의 기술 혁신 시대를 이끄는 선두주자들일 것이다. 반면 부모님이 창업과 기업가를 생각할 때 삼성, LG, SK, 현대, 롯데, 신세계 등 대기업의 창업자들을 떠올리기 쉽다. 우리나라 대기업들은 국가 성장의 시기와 맞물려 정부의 전폭적인 지지를 받으며 성장한 경우가 많다. 마치 중국의 최근 모습과 비슷하다. 그러나 오늘날에는 중국과 같이 거대한 집권 여당의 단독 의사결정 체제가 아닌 이상 특정 산업이나 기업에 대한 전방위적이고 무조건적인 지원이 쉽지 않다. 두 세대의 갈등은 여기에서 시작된다.

그러나 두 세대의 간극에 반해 창업가에게는 시대를 관통하는 키워드가 있다. 새로운 기회를 발견하고 모험에 도전하는 '기업가 정신'이다. '기업가 정신'의 사전적 정의는 '기업의 본질인 이윤 추구와 사회적 책임의 수행을 위해 기업가가 마땅히 갖추어야 할 자세나 정신'으로 풀이된다. '경영학의 아버지' 피터 드러커는 기업가 정신을 가장 잘 실천하고 있는 나라로 한국을 꼽았다. 전쟁 폐허로부터 경제 기적을 이룬 도약을 높게 평가한 것이다.[71]

유명 경제학자 슘페터는 '창조적 파괴'◆를 키워드로 기업가 정신의 개념을 확립했다. 전보에서 전화로, 또다시 이동전화로의 진화는 기존 기술의 파괴와 새로운 질서가 구축되는 과정이며 오늘날 대표적인 경영인들과 함께 연상되는 '창조', '창의', '혁신' 등의 키워드와 이어진다. "착수하다, 시작하다"는 뜻의 프랑스어 'entreprendre'에서 유래한 'entrepreneur(기업가)', 'entrepreneurship(기업가 정신)'은 비단 창업가나 CEO, 오너에게만 요구되지 않는다.

기업가 정신은 개인으로 하여금 자기 주도적인 삶을 일구어나

◆ 슘페터의 창조적 파괴: 낡은 것은 계속 파괴하고 새로운 것은 계속 창조하면서 끊임없이 경제구조를 혁신해 가는 산업개편 과정을 뜻하는 경제학 개념.

가도록 한다. 기업을 꾸리는 데뿐만 아니라 일하고 노는 방식의 변화, 여행하고 먹는 방식에서의 변화, 가족을 이루고 아이들을 양육하는 방식의 변화 등 모든 생활 분야에서 삶의 질을 향상시키는 데 요구되는 정신 자세가 바로 기업가 정신이라고 할 수 있다. (『기업가 정신의 이해』, 이춘우 외, 2014) 그러나 진로와 직업 선택의 가치에서 도전과 성장이 아닌 안정과 명예를 우선으로 답하는 오늘날 대한민국에서는 고금리·고물가·고환율의 3고高 위기 안에서 창업에 도전하는 기업가起業家들을 두고 많은 이들이 무모하다고 여긴다. 전국경제인연합회가 2021년 내놓은 '기업가 정신 지수 글로벌 비교'에서 한국은 경제협력개발기구OECD 37개국 중 27위 수준이다. 기업 활력 27위, 제도환경 23위, 기업 인식 지수는 21위 등 부문별 지수도 뛰어나다 말하기 어렵다.[72]

　　오늘의 우리는 일론 머스크의 차(테슬라)에 타서, 스티브 잡스의 휴대전화(아이폰)를 들고, 마크 저커버그(메타), 래리 페이지(구글), 자베드 카림·채드 헐리·스티브 첸(유튜브)이 만들어놓은 알고리즘에 따라 추천된 제품을 구매하고, 추천하는 사람을 팔로우하며, 추천된 콘텐츠에 '좋아요'를 누른다. 이런 하루하루 안에서 살다 보면 주도적인 삶이란 무엇인가 혼돈이 온다. '내가 사실 게임의 NPC(Non Player Character·사람이 조작하지 않은 캐릭터, 프로그래밍 된 일만 하는 캐릭터)가 아닐까'하는 자조적 생각도 든다. 하지만 우리는

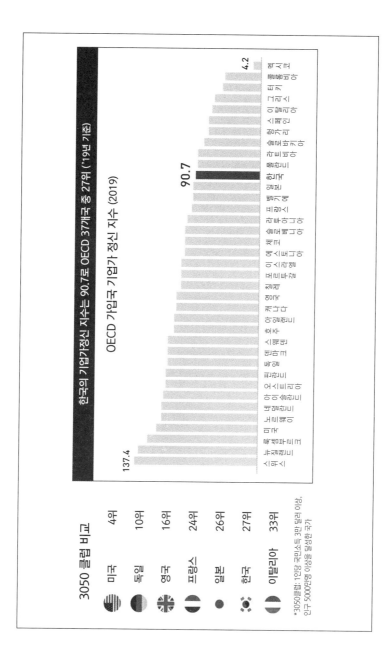

한국의 기업가정신 지수는 90.7로 OECD 37개국 중 27위 ('19년 기준)

OECD 가입국 기업가 정신 지수 (2019)

137.4

90.7

4.2

3050 클럽 비교

미국	4위
독일	10위
영국	16위
프랑스	24위
일본	26위
한국	27위
이탈리아	33위

*3050클럽: 1인당 국민소득 3만 달러 이상,
인구 5000만명 이상을 달성한 국가

그 어느 때보다도 기업가 정신이 필요한 시간에 살고있다.

혁신은 다양한 모습으로 발현되지만 그 배경에는 항상 불확실성이 있다. 우리에게는 불확실성에 내재된 위험성을 피하려는 본성이 있지만 그를 극복할 수 있는 힘이 바로 기업가 정신이다. 대단한 도전을 할 필요도 없다. 어느 여배우의 수상 소감처럼 "중요한건 꺾여도 그냥 하는 마음"이다. 내가 하고 싶은 일, 타고나길 잘하는 일, 노력해서 잘 해보고 싶은 일이 있다면 그냥 일단 해보는 마음, 그곳에서 기업가 정신이 시작된다. 최첨단 산업을 쫓아가는 트렌디한 변화가 아니라 전통을 더욱 깊이 심화하는 일도 변화의 시작이며, 낡은 원소의 새로운 조합 역시 창조이다. 그 안에 흔들리지 않는 중심이 있는 것이 더 중요한 일이다. 창업은 소수 엘리트만의 것이 아니다. 지금이든 앞으로든 나만의 일을 하고 싶을 때, 해야만하는 때가 온다.

다만 대학에 몸담고 있는 입장에서 학생을 포함한 개개인의 노력을 보다 더 빛나게 만드는 환경을 함께 만들어 갈 수 있으면 더욱 이상적이겠다는 작은 희망을 품어본다. 중국 대학가와 같이 VC와의 교두보가 되어주고, 인사·총무 등 실무에 꼭 필요한 교육이나 사무나 실험을 위한 공간을 제공하거나, 기술 멘토나 사회 멘토, 함께 일할 동료 등 인적 네트워킹을 구축하는 자리를 만들어줄 수 있어야 하겠다. 또 기업의 근간은 이윤의 추구인 만큼 창업 교육의 방향 역시 피고용인에서 고용주로 사고를 전환하는 데 실질적인 도움이 필요하다.

경영학도가 아니어도 투자금액, 매출액, 비용을 정확하게 추정해보고 목표 투자수익률의 달성 가능성을 수치로 확인하고 검증할 수 있도록 업계 현장의 전문가도 함께 교육에 참가할 수 있길 바란다. 무엇보다 다년간의 교육과정을 통해 실패를 두려워하지 않고 마음껏 도전할 수 있는 인프라를 제공할 수 있길 바라본다.

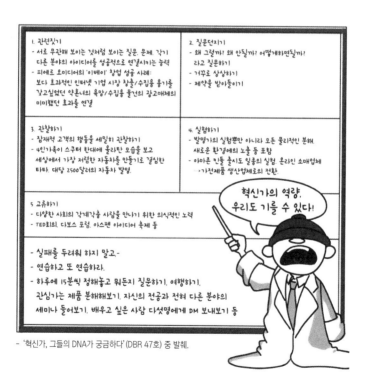

- '혁신가, 그들의 DNA가 궁금하다'(DBR 47호) 중 발췌.

5

프리랜서, 너무 불안한가요?

따로 또 함께, 긱 워커와 긱 이코노미

2020년, 코로나 첫해의 대학은 생전 처음 해보는 비대면 강의로 많은 것들이 좌충우돌이었다. 교수도, 학생도, 직원도 노트북과 웹캠을 준비하고, 교수는 프레젠테이션 자료와 필기를 온라인으로 공유하고, 학생들은 카메라 앞에서 얼굴을 보이며 마이크를 켜서 출석 체크를 하는 등 예전의 대학에서 볼 수 없었던 장면들이 모든 강의마다 진행되었다. PC가 멈추고, 동영상이 끊기고, 음성이 송출되지 않는 등 모두가 그때그때 발생하는 다양한 문제들을 해결하느라 진땀을 많이도 뺐다.

텅 빈 강의실 카메라 앞에서 홀로 판서를 하며 강의하는 교수의 모습에 익숙해질 때쯤, 졸업을 앞둔 학생들에게는 또 다른 새로운 세계가 펼쳐졌다. 기업마다 비대면으로 인·적성 시험과 AI 면접을 본다고 했다. 대면 수업이 없으니 학교를 찾을 일도 없던 와중에 행정실 문을 두드려 노트북과 웹캠을 대여한 한 학생은 자신의 노트북 내장 카메라로 AI 모의 면접을 보니 너무 결과가 좋지 않아 여러 방법을 시도해보고 있다고 했다. 인공지능이 지원자의 눈동자와 입 모양을 따라다니며 시시각각 지켜보고 말투까지 반영해 종합적으로 판단을 내린다니, 나름 MZ 중 '전기 밀레니얼 세대'에 속한 필자에게도 그야말로 신세계였다.

그렇게 새로운 어려움을 뚫고 입사한 학생들에게 재택근무가 널리 도입된 근무 현장은 외롭고 막막했다. 입사한 지 며칠이 되도록 사수와 전화와 메신저로만 얘기한 적도 있다고 했고, 신입사원 교육도 온라인, 근로계약서 서명도 온라인, 배치 후 업무도 온라인으로 진행했다. 교육기회를 제대로 얻지 못한 신입사원들의 기업문화 부적응과 상대적으로 뒤늦게 발현되는 실무역량에 비추어 CEO들 사이에선 "인사관리가 최대 난제"라는 말이 많이 오갔다.

코로나 장기화로 기업문화는 급변했다. 기업은 인재유출을 막느라 애를 먹고, 직원들은 자신만의 네트워크 구축에 어려움을 겪었다. 당시의 한 설문조사에 응한 직장인 1,200명 중 40.9퍼센트(491명)가 '직장 생활에서 겪는 가장 큰 애로사항'으로 '비대면으로 인한 인맥 관리의 어려움'을 꼽았다.[73] 직장 내 소통이 단절되면서

업무를 배우거나 익힐 기회가 부족해지니 불안감을 느끼는 사례가
많다는 것이다. 직장인들이 자주 모이는 인터넷 커뮤니티에선 "보
고 형식을 어떻게 해야 할지 물어볼 사람이 없다", "'정신과 시간의
방'에서 홀로 일하는 것 같다"는 하소연을 심심치 않게 찾아볼 수
있었다.

　　코로나가 촉발한 인재이동 현상은 공채, 정규직 등 전통적인
기업 고용 관행을 무너뜨렸다. IMF 사태가 '평생직장'이라는 말을
사라지게 했다면, 코로나는 '긱 잡Gig Job'이라는 단어를 널리 퍼트
렸다. 프리랜서, N잡러와 같이 원하는 시간에 원하는 일을 원하는

만큼 하는 '긱gig 워커'라는 새로운 유형의 일자리가 부각됐다.

1920년대 미국의 재즈 공연에서 단기 연주자를 뜻하는 '긱gig'에서 유래한 이 말은 목적한 일을 초단기 계약으로 경제활동을 하는 사람을 뜻하며, 필요할 때 필요한 사람과 계약을 맺는 경제 형태를 '긱 이코노미gig economy'라고 부른다. 일이 필요한 개인과 일할 사람이 필요한 기업이 시시각각 연결됐다 흩어지는 '온디맨드on-demand 경제'라고도 한다.[74] 2009년 '우버Uber'와 같은 앱 기반 인력 중개 플랫폼이 등장하면서 긱 이코노미 현상이 본격적으로 나타나기 시작했다. 코로나를 기점으로 과거 IT 개발자나 디자이너가 주를 이뤘던 프리랜서 일자리가 드라이버, 음식 배달뿐만 아니라 다양한 업무 영역과 레벨로 확대되었다.

최근에는 고역량, 고숙련의 '슈퍼 프리랜서'가 등장하여 긱 워커의 개념이 또 한 번 확장되고 있다. 슈퍼 프리랜서는 과거 열악한 환경에서 근무하던 일반적인 프리랜서와는 달리, 프로젝트 단위로 업무를 수행하고, 실제 수행했던 업무와 기술을 바탕으로 일감을 찾는 긱 워커를 가리킨다. 과거 IT 개발이나 번역 같은 분야에만 슈퍼 프리랜서가 있었지만, 점점 더욱 세분화되고 전문적인 영역으로 확대되고 있다. 과거의 전문직이 '자격증'으로 가치를 인정받았다면, 슈퍼 프리랜서들은 실제 수행했던 업무와 기술로 자신을 입증한다. 대부분 회사에서 경력을 쌓고 프리랜서로 전환한 경우가 많다.

2030세대를 중심으로 긱 잡을 선호하는 경향 또한 뚜렷해지고 있다. 잡코리아가 2020년 시행한 설문조사에 따르면, "긱 잡에 대해 어떻게 생각하느냐"는 질문에 응답자의 51.8퍼센트가 "긍정적이다"라고 답했다. "부정적이다"와 "잘 모르겠다"는 대답은 각각 24.8퍼센트, 27.7퍼센트로 나타났다. 긱 잡을 긍정적으로 생각하는 이유에 대해 "여러 가지 일을 해볼 수 있을 것 같아서"라는 답이 전체의 47.2퍼센트를 차지했다. "원하는 기간에 비교적 자유롭게 근무할 수 있을 것 같아서"와 "전공 또는 특기를 살려 나에게 맞는 일을 할 수 있을 것 같아서"라고 답한 비율은 각기 29.3퍼센트, 15.7퍼센트였다.[75] 자신이 하고 싶은 일을, 원하는 시간에, 원하는 장소에서 하고자 하는 니즈가 점점 더 커지고 있다.

실제로 긱 이코노미는 개인에게 이점이 적지 않다. 자신이 원하는 시간과 장소에서 일하며 워라밸을 챙기고, 다양한 프로젝트와 클라이언트를 상대하게 되니 커리어 성장에도 도움이 된다. 은퇴 세대의 풍부한 경험과 노하우, 통찰력을 활용할 수도 있고, 유연한 일거리로 임신, 육아로 경력이 단절된 여성이 다시 한 번 노동시장에 진입할 수 있도록 돕는다. 자신이 일의 양과 수입 규모를 조절할 수 있으니 본인의 능력을 최대치로 활용할 수 있어 수입원 확대역시 기대할 수 있겠다.

긱 이코노미는 기업의 수요와도 맞아떨어진다. 기업의 요구에 '딱 맞는' 인재를 채용하기 쉽지 않은 현실에서 원하는 경험과 스킬을 보유한 인재 풀이 넓어진다. 슈퍼 프리랜서와 같이 업계 최고 수준의 경력과 노하우를 보유한 전문가를 영입할 수도 있다. 또 일단 정규직으로 채용하면 연봉, 세금, 성과급과 퇴직금, 각종 복지를 포함한 고정비용 부담도 적지 않다 보니 기업들도 용역비만 지급하면 되는 전문 프리랜서에게 프로젝트 단위로 일을 맡기는 것을 선호하는 추세다. 정규직을 채용하기 전 새로운 프로젝트를 실험해 보거나 시장에 빠르게 물건을 내놔야 할 때도 유용하다.

N잡러 시대, 유튜버를 묻다

예전에는 일과시간 동안 병원에서 환자를 진료하면 의사, 회사에서 일하는 사람은 회사원, 학교에서 학생을 가르치면 교사였다. '본업' 외의 활동은 단순히 '취미'로 여겨졌다. 그러나 오늘날은 한 사람이 한 우물만 파는 시대가 아닌 듯하다. 직업의 개수와 영역의 경계가 무너지는 현상이, 업계를 가리지 않고 일어나는 이른바 'N잡러'의 시대이다. 현직 의사가 웹툰을 연재하고, 회사원은 퇴근 후 필라테스 강사로 일한다. 유튜버로 유명해진 교사도 있다. 한 설문

조사에 의하면 2023년 상반기 아르바이트나 부업으로 "N잡을 준비한다"고 답한 직장인은 62.9퍼센트로 조사됐다. 특히 현재 "N잡을 하고 있다"(19.7퍼센트)고 답한 직장인까지 합하면 전체 응답자 중 82.6퍼센트가 현재 N잡을 하거나 앞으로 할 준비하고 있는 셈이니 직장인 10명 중 8명이 'N잡러'를 꿈꾸고 있다. N잡을 준비하는 직장인들이 계획하는 아이템 1위는 'SNS 마케팅'(21.7퍼센트), 2위로는 '유튜버'(19.9퍼센트)라고 답했다.[76]

이 중 유튜버의 성장세는 우리 주변에서 이미 실감할 수 있다. 국세청의 '1인 미디어 창작자(유튜버 등) 수입금액 현황' 자료를 보면 1인 미디어 콘텐츠 창작자로 2021년 기준 3만 4,219명이 수입을 신고해 2019년(2,776명)과 비교했을 때 12.3배 늘어났다.[77] 한 집계에 따르면, 2020년 기준 한국의 광고 수익을 창출하는 유튜브 채널은 9만 7,934개이며, 이를 인구 대비 계산해보면 우리나라 국민 약 530명당 1명이 유튜브를 통해 돈을 번다는 것을 알 수 있다. 이 수치로 보면 한국은 전 세계 국가 중 인구 대비 유튜버 수가 가장 많은 국가인 셈이다. 유튜브의 본고장인 미국도 인구 666명당 1개 채널이고, 세계에서 2번째로 수익 창출 채널이 많은 인도(37만 9,899개) 역시 인구 3,633명당 1개 수익 창출 채널을 보유하는 것으로 조사됐다.[78]

수입 면에서 우리나라 수입 상위 1퍼센트 유튜버는 2021년

1년간 총 2,400억 원을 벌어들였으며, 1인당 평균으로 보면 7억 1,300만 원으로 2019년 6억 7,100만 원보다 6.3퍼센트 늘어났다. 이 집계는 유튜브에서 집계되는 광고 수입만을 계산한 것이기 때문에 후원금, 출판, 방송 출연, 강연 등 수입을 합치면 훨씬 많을 것으로 보인다. 이에 반해 2021년 수입 하위 50퍼센트 유튜버의 연평균 수입은 40만 원으로 2019년(100만 원)보다 줄어 상위 1퍼센트와 하위 50퍼센트의 격차가 확대됐다.[79] 특히 이 조사 결과는 종합소득세 신고를 한 유튜버를 기준으로 하니 그에 못 미치는 수입을 올리는 이들은 더 많을 것으로 예상된다.

1인 창작자로 시작한 고수입의 유튜버들은 어느덧 1인 기업이 되었고 연예인 못지않은 인기를 누리며 '영 앤 리치', '초통령(초등학생들의 대통령)'으로 불리고 있다. 초등학생, 청소년은 롤 모델, 장래희망 1위 직종으로 유튜버를 꼽는다. 오직 자신의 아이디어와 실행력, 콘텐츠로 성공할 수 있으니 나름 공평한 경쟁을 할 수 있는 경기장인 셈이다. '금수저', '학벌 사다리'가 난무하는 한국에서 광풍이 불만도 하다.

그러나 유튜브 생태계는 러닝머신 같아서 1초라도 멈추면 도태되고 만다. 크리에이터들은 출퇴근 시간은 없지만 마감의 압박이 시시각각 존재한다. 알고리즘 변화에 뒤처질까, 양질의 컨텐츠를 지속적으로 만들지 못할까, 팔로워를 잃을까 끊임없이 고민하고 두려움을 느낀다. 최근 들어 수백만 구독자를 보유한 채널의 크리에이터들이 번아웃을 느끼며 줄줄이 활동을 중단하는 것이 이 때문이다. 유튜브 최고경영자조차 크리에이터들에게 휴식을 권하는 지경이다. 1분마다 500시간이 넘는 동영상이 새로 업로드되니 끊임없이 생성되는 후발주자와 매분 매초 경쟁하게 된다. 촬영, 편집을 팀 단위가 아니라 오롯이 혼자 감당하는 1인 제작자는 본인을 대체할 시스템도 없다. 또한, 전업 크리에이터가 된다면 다른 프리랜서와 마찬가지로 기업근로자와 다르게 4대 보험, 퇴직금 등 사회적 보장 혜택을 받기 어렵고, 불안정성 안에서 워라밸을 유지하

기 어려울 수밖에 없다.

그러나 패러다임 시프트는 일어나고 있다

이러한 불안정성에도 불구하고 유튜버 등 프리랜서를 포함한 긱 이코노미는 여전히 전 세계적으로 성장하는 추세이다. 글로벌 시장조사 기관 스태티스타Statista는 글로벌 긱 이코노미 시장규모는 2019년 약 284조 원에서 2021년 약 398조 원으로 성장했으며 앞으로도 이 성장세가 이어질 것이라 전망했다. 또한, 2022년 기준 미국의 근로자 약 6,800만 명이 긱 워커로 일하였고, 2028년까지 미국 내 근로자의 50퍼센트가 훨씬 넘는 9,010만 명까지 늘어날 것이라고 예측했다. 글로벌 경영컨설팅 회사 맥킨지는 2025년까지 긱 이코노미가 창출하는 부가가치가 전 세계 GDP의 2퍼센트에 해당하는 2조 7,000억 달러에 이를 것이라고 예상했다.[80]

국내 상황도 이와 비슷하다. 통계청 조사를 기준으로 보스턴컨설팅그룹BCG이 추산한 바에 따르면 국내 취업자 2,600만 명 가운데 38.5퍼센트에 해당하는 1,000만 명이 긱 워커다.[81] 코로나 팬데믹을 겪는 3년 동안 긱 워커 시장은 한층 더 성장했다. 좋은 학교를 나와 평생직장에 다니다가 연금으로 여생을 살아가는 패러다임은 오늘 이 순간에도 더욱 격렬히 깨지고 있다. 성장하는 긱 이코노미에 맞춰 사회 경제적 인프라가 바뀌고 있다.

금융기관은 급여일이 일정하지 않은 플랫폼 종사자들의 급여를 정리해주는 전용 급여통장, 배달 라이더 대상 대출 상품, 긱 워커 전용 보험 등 다양한 상품을 내놓고 있다. 고용노동부는 지난 2021년 '플랫폼 종사자 보호 및 지원 등에 관한 법률안'의 입법을 추진했다. 표준 계약서를 도입해 플랫폼 기업의 책임과 권리를 규정하는 것을 주요 내용으로 한다. 다만 해당 법안은 아직도 국회 소관 상위 심사 단계에 머물러있다. 미국 미네소타주 의회가 2023년 승차 공유 플랫폼 운전자의 최저 임금 및 기타 혜택을 보장하는 법안을 통과시켰고, 연방거래위원회는 2022년 긱 워커를 보호하기 위한 정책 성명을 발표했다. 2025년까지 긱 워커의 근로자 권리를 인정하는 노동규칙을 제정한다는 목표를 세운 유럽연합이나, 노동자 재해보상보험에 긱 워커도 가입해 혜택을 받을 수 있도록 한 일본, 드라이버, 라이더 등을 대상으로 고용보험과 연금 혜택까지 확대하기로 한 싱가포르에 비해서는 아직 갈 길이 멀어 보인다.

대학 역시 취업 또는 창업에 포커스를 맞춰 학생들을 지도하기 때문에 특히 예술 계열에 집중된 1인 근로자에 대한 교육 설계가 새로이 필요한 실정이다. 즉각적으로 학생에게 도움이 될 수 있도록 노무 관계에 대한 법적인 이해를 교육하고, 표준 계약서를 포함해 근로에 대한 적합한 보상을 받을 수 있는 절차를 알려줘야 한다. 종합소득세 등 필수적으로 신고해야 하는 세금을 모르고 지나치지 않도록 신고 방법, 절차, 시기를 알려주는 세부적인 교육도 필요하다. 프리랜서 대상 인적 네트워크 구축을 돕는 기회, 각자의 니즈에 맞는 역량 강화 교육과 활동 기회를 제공할 수 있으면 더욱 이상적이겠다.

그러나 패러다임이 아무리 바뀌어도 내가 중심이어야 하는 것은 변함없다. 자율성에 기반에 시간표를 설계하고, 목표까지 성실하고 꾸준하게 실행하며, 나만의 전문성을 키우는 데까지 이르려면 본인만의 키워드, 색깔, 주관, 뚝심 없이는 중도 포기하기가 쉽다.

긱 워커를 꿈꾸는 여러분, 본인의 키워드는 무엇인가?

6

내 희망 진로와 부모님이 원하는 방향이 달라요

이 글만큼은 학생들과 부모님이 함께 읽어주십사 조심스레 부탁드리고 싶다. 가족 공동체의 이름으로 한배에 탄 선원과 선장처럼 바람 불고 파도치는 자녀의 유년기를 함께 항해한 부모님이 이제는 자녀에게 선장 모자를 물려주고 한발 물러서야 한다는, 어쩌면 배에서 완전히 내려야 할지도 모른다는 서운한 이야기를 전해야 하기 때문이다.

부모와 자녀만큼 특별한 관계가 있을까. 필자가 직접 출산과 양육을 겪어보니 자녀에 대한 부모의 감정은 형용하기 참 어렵다. 세상에 이렇게 귀한 존재가 또 어디 있을까 싶고 자녀가 어려움은 조금만 겪고 선한 사람들만 만나며 밝은 일상만 이어지면 좋겠다는 소망을 절로 품게 된다. 이런 마음에 반해 안타깝게도 필자와 면담하는 학생들이 공통적으로 언급하는 것은 부모님과의 진로에 대한 갈등이다.

예를 들어 부모님은 학생에게 공무원을 하라고 하는데, 학생은 공무원만은 하고 싶지 않다. 학생들이 말해주는 부모님과의 일반적인 대화 흐름은 이렇다.

공무원 해라, 안정적이고 정년 보장되고 등등 얼마나 좋냐 → 싫어요. 재미없어요. 돈 많이 못 벌잖아요 시험 준비하기 싫어요 → 그럼 뭐하고 싶은데? 대책은 있냐? → 취업할래요 → 어디? → 몰라요 → 갈등 심화

여기에서 우리는 왜 항상 이렇게 대화가 진행되는 것인가에 대한 고민이 필요하다. 이런 식의 감정적으로 치닫는 대화는 성만 돋우고 자녀의 반발 심리를 높여 감정의 골짜기 사이에서 비합리적인 선택을 야기할 수 있다. 이런 대화의 시작점 중 하나는 많은 부모가 자녀가 사회 경험이 부족해 근시안적 선택을 한다고 생각하는 것이다. 완전히 틀린 이야기는 아니지만 자녀가 과연 이 사실을 모를까 하는 문제도 함께 고민해봐야 한다.

부모만큼이나 자식을 사랑하는 사람이 있을까 묻는다면 그건 바로 자녀 본인이다. 자녀도 본인이 사회 경험이 부족하다는 사실을 인지하고 있을 확률이 크다. 그럼에도 불구하고 부모는 틀리고 자녀 자신이 옳다고 생각하는 것은 진로 선택에 있어 부모의 경험과 관점이 유용하다는 사실을 저평가하기 때문이다. 이럴 때 권위

를 내세우거나, 네가 뭘 몰라서 그런다는 식의 접근은 자녀가 더더욱 납득하기 힘들다. 많은 부모가 자녀의 부족한 사회 경험을 두고 자신의 미래를 충분히 고민하며 걱정하지 않고 소중히 하지 않는다는 생각과 연결해서 접근한다.

진로 탐색과 결정에 있어 부모와 자녀가 뗄 수 없다는 인식은 비단 동양적 사고방식의 접근만은 아니다. 미국의 임상심리학자인 앤 로Anne Roe 박사는 매슬로의 욕구 이론의 영향을 받아 부모와 자녀의 관계, 특히 자녀의 아동기 경험이 진로 선택에 중요한 영향을 미치는 요인으로 판단했다. 가정의 정서적 분위기가 자녀의 직업 선택을 바꿀 수도 있다는 것이다. 로 박사가 분류한 자녀의 진로 선택에 영향을 미치는 부모의 양육 태도 유형과 직업 지향성은 아래와 같다.[82]

정서집중형	과보호형	부모가 자식을 지나치게 보호, 자녀가 부모에게 의존하길 기대.
	요구과잉형	자녀가 부모의 요구에 부합되고 남들보다 반드시 뛰어나길 바람.
	직업지향성: 인간지향적이지만 혼자 일하는 **예능계통**.	
회피형	무시형	자녀와의 접촉 및 부모로서의 책임 회피. 자녀에게 관심은 적으나 감정적으로 거부하지는 않음.
	거부형	자녀의 행동을 전적으로 무시. 자녀를 인격체로 대우하지 않음.
	직업지향성: 공격-방어적 성향을 바탕으로 **과학계통**(연구자 등)	
수용형	무관심형	자녀의 필요나 욕구에는 반응하나 밀착된 정서적 유대 없음.
	애정형	부모 자녀 관계가 단단하며 적극적으로 자녀를 돕고 지지. 벌을 주기보다 이성과 애정으로 대함.
	직업지향성: 인간지향적이며 함께 일하는 **서비스직**.	

한눈에 보아도 이상적인 관계가 어떤 것인지 알 수 있다. 그리고 학생과 부모님의 마찰이 일어나는 지점 역시 어디인지 짐작할 수 있다. 부모는 의식적으로라도 자녀가 자신의 인생을 소중히 여기고 고민한 결과로 지금의 대답을 내놓았을 것이라고 생각해야 한다. 사람이라면 자생적으로 잘 자라려는 속성이 있다고 한다. 부모가 아무리 아이를 '바른 길'로 인도하려고 해도 자녀는 자신에게 알맞은 환경, 자신이 가고 싶은 길을 어떻게든 찾아낸다. 부모는 이 사실을 간과하고 있다.

부모가 강압적으로 무언가를 시키면 자녀의 마음속에는 '청개구리 스위치'가 켜진다. 마치 공부하려고 자리에 앉았는데 부모님이 공부하라고 잔소리하면 그 마음이 갑자기 차게 식는 것처럼 말이다. 부모는 자녀와의 소통방법을 수정할 필요가 있다. '금쪽이'의 투정에 "그랬구나~"로 말을 시작하는 '마음 읽기' 육아가 한동안 유행이었다. 그러더니 요즘의 육아 트렌드는 "그건 안 돼"를 적절히 배치하여 훈육 중심 육아를 해야 한단다.

사실 부모도 부모가 처음이라 지금 자녀를 어떻게 대하는 것이 옳은지 잘 모른다. 그 틈새를 파고들어 이런 육아법들이 유행한다. 다만 육아 전문가들이 공통적으로 말하는 한 가지는 부모에게 있어 자녀와의 '소통'은 사실 '경청'의 다른 말이라는 것이다. 이 책을 읽고 계실 학생 독자 여러분도 부모님이 "그게 아니라~"는 대

꾸 없이 그냥 일단 들어주기만 해도 만족스러울 것 같지 않은가?

부모님의 조언보다 아는 형·언니의 이야기를 듣고 싶어 하는 자녀의 심리는 이 '청개구리 심리'와는 또 결이 다르다. 이것은 오히려 부모님의 사회적 경험과 사고, 역량을 저평가하는 오류다. 부모는 비록 지금과 완전히 다른 환경에서 성장했을지언정 그들 역시 자녀와 마찬가지로 아동기와 청년기를 겪고 스스로의 세계를 부수며 탄생한 하나의 인격체이다. 부모는 본인과 주변의 경험을 바탕으로 실패와 성공 사례를 버무려 우려와 사랑을 담아 자녀에게 조언한다. 조언을 듣는 입장에서 말하는 이의 발언을 일단 부정하려는 심리 기저가 존재한다면 그 조언은 잔소리가 된다. 교과서처럼 다시 한 번 말해보자면 부모와 자녀 양쪽 모두 일단 '경청'하는 자세를 지녀야 한다.

부모들이 행복의 기준을 경제적 능력과 사회적 지위에 두는 것은 이와 별개로 사회적인 편견이라고 할 수 있다. 대학 서열화, 학벌주의를 직접 겪으며 기성세대가 되어버린 부모가 냉정하게 내린 현실 인식이 그 바탕에 있다. 그럼에도 불구하고 효과적 소통을 위해서는 부모의 노력이 더욱 절실하다. 자녀의 성향, 성숙도 등에 따라 태도와 말투를 '맞춤화'하려는 노력이 필요하다. 나와 다른 상대를 이해하기 위해서는 부모도 자녀만큼이나 자기 자신을 파악해야 한다. 나의 평소 말투, 불편하게 느껴지는 행동, 일상의 규칙성 등 나를 알아야 상대를 포용할 수 있다. 늘 보던 신문, 뉴스 섹션을 벗어나 요즘 사회와 경제의 트렌드를 읽기 위해 노력해야 한다. 직업의 경계가 허물어지고 있는 만큼 도배사, 해녀, 농부, 장례지도사가 되고자 하는 자녀의 선택의 배경을 읽을 수 있어야 하며 일방적인 강요가 아닌 다양한 직업 정보를 함께, 또는 더 깊이 조사해서 알려줄 수 있어야 한다. 이러한 노력이 아이의 반발 심리를 줄일 수 있다.

우리나라의 청소년들은 현실적인 결정을 내려 본 경험이 매우 적다. 초중고 정규 교육과정에 있어 학생이 내려야 하는 대부분의 의사결정은 입시의 유불리에 따라 사실상 결정된다. 학생이 직접 여러 선택 과목들을 놓고 고민하고 교사와 학교 카운슬러와 의논하는 것이 아주 자연스러운 미국이나 유럽과는 다를 수밖에 없다. 결국 대부분의 결정을 부모나 학원 또는 과외 교사에게 의존한다. 그런 학생들이 대학교에 입학했다고 어느 날 갑자기 자연스럽게 자신의 의견을 말하고, 상대와 토론하고, 능동적으로 정보를 수집하고, 부모님의 도움이 필요하다고 요청할 리는 없다. 우리 모두 연습이 필요하다.

그 연습을 위해 필요한 것들, 우리가 하고 싶은 이야기들을 앞서 다양하고 반복적으로 강조했다. 앞으로 이어질 여러분의 나날 속 모든 결정의 무조건적인 성공만을 바라기보다 작은 실패를 반복해 연습하고, 실패도 실수도 자연스럽게 수용해 오늘의 노력을 내일로 이어지게 만드는 태도를 지닐 수 있길 바란다.

(7)

직업의 종류와 직무를 아직도 잘 모르겠어요

이번 마지막 파트는 부록처럼 읽을 수 있도록 가볍게 준비해보았다.

진로와 직업을 탐색 중인 우리의 눈에는 '직~'으로 시작하는 단어가 참 많기도 하다. 직장, 직업, 직무, 직함, 직책, 직위……. 사회생활을 하다 보면 자연스럽게 몸에 익게 되지만 아직 선택의 기로에 서 있는 여러분에게 어쩌면 큰 쓸모가 없고, 난해한 개념일 수 있겠다. 하지만 일단 알아만 두면 앞으로 어떠한 경험으로든 크든 작든 도움이 될 것은 분명하니 이 책을 마무리하는 여기서 정리해보자. 아울러 진로 설계와 직업 선택, 더 나아가 성인으로서 경제활동을 하는 데 알아두면 도움 될 직업과 직무에 대해 이야기하며 마무리하고자 한다.

'직職'이란 뭔가 책임을 맡는다는 뜻을 담고 있다. '직'과 함께 이어진 글자들에게 책임을 지고 행하는 무언가라는 뜻이 더해진다는 것을 가늠할 수 있겠다. 이 '직 시리즈'의 첫째로 '직업職業'의 사전적 정의는 생계를 이어가기 위해 일상적으로 종사하는 일이다. 내 직장에 몸이 닿았을 때 '무엇'을 하는가가 중요한 포인트이다. 통계청에서 발표하는 한국 표준 직업 분류에는 1,231가지의 직업이 실려 있다. 워크넷의 취업 알선 직업분류에서는 구인·구직의 목적에 보다 중점을 두고 활용이 미미하거나 보다 빈번한 직무 범위를 조정하여 933개로 직업을 분류한다.

표준화되어 있는 것만 900개가 넘는 선택지를 두고 하나를 골라 업으로 삼으라니, 참 어려운 일이다. 앞서 반복해 강조한 바와 같이 직업은 진로라는 긴 로드맵의 한 꼭지이며, 자기표현과 동시에 생계유지의 수단임을 잊지 말자. 직업은 결코 최종 목적지가 아니라 삶과 조화를 이루어야 하는 반려이다.

보다 구체적으로 구직인의 입장으로 직업의 종류, 그리고 나에게 적합한 업에 대해 알아보려면 먼저 자기 탐색과 진로 설정을 바탕으로 나에 대한 키워드를 도출해야 한다. 그리고 고용노동부에서 운영 중인 워크넷이나 민간의 사람인·잡코리아·인크루트 등 구인 사이트에서 키워드를 검색해보자. 플랫폼의 종류를 불문하고 구인 공고를 보면 대략적인 채용의 형태가 보인다. 구인하는 기업명, 기업의 업종, 고용의 형태, 채용부문에서 파악할 수 있는 직무,

담당업무, 지원 자격이나 근무지 등등 내가 중요하게 생각하는 요소를 감안하며 공고를 살펴보자. 구직 중이거나 구직에 성공한 구체적이고 생생한 후기를 들을 수 있는 온라인 커뮤니티도 적절히 활용해야 한다.

마지막으로 앞서 여러 번 강조했지만 대학생이라면 부디 학과 사무실, 행정실, 무엇보다 교내의 취업 관련 부서를 직접 방문하거나 홈페이지, 오프라인 게시판을 눈여겨보자. 내가 내는 등록금이 학생에게 환원되도록 하는 제도가 생각보다 잘 되어있기 때문에 교내 진로-상담-취업 관련 부서의 예산이 적지 않다. 필자가 몸담고 있는 대학의 취업·진로 지원센터에서는 취업(진로) 1대 1 집중 컨설팅, 현직자 직무 멘토링, 각종 취업 특강과 추천 채용 등 서비스를 제공하고 있다. 직종을 탐색하는 등 본격적인 직업 탐색을 시작하기 위해서는 이렇게 최소 세 가지 이상의 취업 정보 수집 경로가 있어야 한다.

필자의 경우도 처음 취업 준비를 하며 본인의 흥미와 강점을 세 가지 키워드로 잡고 직종을 선택했다. 해외에서 학부 생활을 하며 현지 언어와 문화를 익힌 경험을 살려 '중국어', 학부 전공을 살려 '마케팅', 그리고 여행을 좋아하고, 처음 만나는 사람과도 편하게 이야기하는 '외향적인 성향'을 기준점으로 삼았다. 중국 내 광고 기획사 AE^{Account Executive} 팀의 인턴으로 제품 마케팅 캠페인을 어깨

너머 배웠고, 대행사와 광고주 사이의 관계 조율을 위한 커뮤니케이션 스킬도 엿볼 수 있었다. 이 경험을 발판으로 졸업 후 나의 키워드와 관련된 직종을 보다 세부적으로 탐색하며 당시 한창 중국인 관광객 유치에 적극적이던 면세업의 매력을 새롭게 알게 돼 관련 기업에 취업 후 중국 마케팅팀에서 일하며 나의 강점을 충분히 살렸다고 생각한다.

업종 선택과 동시에 진행해야 할 것 은 '직 시리즈' 두 번째인 '직무職務' 선택이다. '직무'는 '직업'보다 구체적으로 담당하여 맡은 일을 말한다. '직업'과 마찬가지로 '무엇'을 하고 있는지 알려주지만 '힘쓸 무務'자가 더해져 보다 좁지만 깊은 일의 범위를 말한다고 할 수 있겠다. 유사성이 있는 여러 직무가 묶여 하나의 직업이 된다고 생각하면 된다. 기업에서 근무하는 경우 직장은 바뀌어도 직무는 바꾸기 쉽지 않은 경우가 많다. 자의든 타의든 한 부서에서 경력이 쌓이면 해당 직무의 전문가가 되어 구인을 하는 기업 입장에서는 처음부터 교육하지 않아도 되는 일종의 자원 절감 가능한 효율적인 인재가 되어 채용 순위가 올라가기 마련이다. 따라서 나를 대표하는 키워드와 직무가 연결될 수 있도록 첫 단추를 잘 꿰어야 한다.

어떤 직무와 연결될 수 있는지 감이 잘 오지 않는다면 첫 시작은 사람인이나 잡코리아 같은 구인 구직 사이트의 직무 인터뷰에서 조금이라도 관심 있는 분야의 실무자 인터뷰를 유심히 보고, NCS 국가 직무능력 표준에서 자기와 관련된 키워드를 검색해보길 바란다. 필자 주변의 재학생들이 가장 희망하는 직무 탐색 방법은 졸업생 선배의 현직자 인터뷰였다. 본인 전공 외 선배와의 만남이 쉽지 않다면 교내 취업 관련 부서에서 유사한 졸업생 멘토링 프로그램을 자주 운영하니 학교 홈페이지나 게시판을 체크해 보자. 다소 막막하더라도 자기 탐색이 실전으로 연결되려면 맨땅의 헤딩 같은 데스크 리서치와 필드 스터디가 필수일 수밖에 없다. 손에 쥐어진 것이 없는데 나에게 어울리는 것을 고를 수 있을 리가 있겠는가.

'직 시리즈' 마지막으로 '직장職場'이라 하면 장소를 뜻하는 바가 강하다. 출근하는 몸이 향하는 곳, 내 책상이나 내 작업 공간이 있는 그 '어디'가 바로 직장이다. 보통은 '회사=직장'의 의미로 쓰이곤 한다. 과거 어른들이 생각하는 직업은 바로 이 직장이었다. 회사 이름이 곧 자기 얼굴이자 자기 신분이라고 생각하는 어르신들이 여전히 계신다. 하지만 MZ, 알파들에게 직장은 결코 나일 수 없다. 평생을 함께할 것은 오히려 내가 좋아하거나 잘하는 '일' 자체이지 직장은 어쩌면 나의 명함과 함께 내 인생에서 사라질 수도 있는 곳이라고 생각될 것이다.

그렇지만 직장에서 일하는 시간만큼은 나의 시간을 그만큼 할애해야 하는 것이고 그 안에서 만나는 사람들과는 유기적으로 인간관계를 유지하고 발전해야 하는 대상이기에 대충 선택하거나 엉겁결에 다닐 수만은 없다. 직장을 바라볼 때 급여나 성과급 등의 금전적인 보상, 수평적이고 자유로운 근무 분위기, 워라밸, 복지제도 등 무시할 수 없는 선택 조건들이 있다. 본인이 생각하는 우선순위는 무엇인가? 부디 남들이 보기에 좋은, 이름이 알려진, 연봉만 높은 직장만이 좋은 곳이라고 생각하지 말기 바란다. 나에게 날개를 달아주고, 함께 지향하는 곳으로 날아갈 수 있는 그런 발전적인 직장을 찾기 바란다.

'직 시리즈' 번외편은 직위, 직급, 직책, 직함의 구분이다. 필자가 신입사원 시절 직함은 '지배인'이었다. 첫 일 년 동안 직접 거래처와 대면하여 영업을 해봐야 실무를 할 수 있다는 회사의 지침은 컴퓨터 앞에 앉아 각종 데이터를 분석하고 보고서를 멋지게 써낼 앞날을 상상했던 사무직 신입사원에게는 청천벽력 같은 소리였다. 그러나 호텔에서 유래한 이 '지배인'이라는 직함에 뭔가 고급스러우면서도 범접할 수 없는 아우라 같은 기운이 담겨있다는 자신만의 상상에, 영업이 절대 내 체질이 아닌 줄 알았던 필자에게 날개를 달아주었으며 누군가가 "김 지배인님"이라고 부르는 소리에 10년이 넘게 지난 지금도 자연스레 대답할 정도로 익숙하고 친숙한 호칭이 되어버렸다.

'직함'은 직위와 직책을 아울러 이르는 말이라고 할 수 있다.

'직위'는 직무상의 위치라고 생각하면 되는데, 우리가 흔히 듣는 사원-주임-대리-계장-과장-차장-부장 등의 호칭이 일반적인 사무직의 직위다. '직급'은 직위상의 등급이라고 생각하면 된다. 공무원이나 필자가 근무하는 사립대 교직원의 경우 9급부터 시작해서 8, 7, 6급 등 상위 직급으로, 동일 직급 내 근무연수를 기준으로 1호봉부터 숫자가 커지며 진급하게 된다. 보통은 직급과 호봉이 올라갈수록 연봉도 상승하는 구조이다. 마지막으로 '직책'은 직무상의 책임을 일컫는 말로 팀장, 파트장, 본부장 등의 이름으로 맡은 바 책임진 범위를 알 수 있다. 직위와 무관하게 대리도 팀장이 될 수 있고, 과장이 본부장이 될 수도 있다. 이상 여러분 머릿속에 그간 직업, 직무, 직장, 직함, 직책, 직위의 구분이 모호했다면 조금이라도 도움이 되었으면 한다.

개인화, 개성화된 요즘 세상이다. 운동도 퍼스널 트레이닝 Personal Training이 보편화되었고, 나에 대한 호기심에 퍼스널 컬러를 진단하고 나의 MBTI를 개성의 표현으로 말하곤 한다. 나를 중심에 두고, 나를 알고자 하는 노력들이 이렇게나 다양한데 진로 탐색과 직업 선택이야말로 절대 '나'를 빼고 생각할 수 없는 문제다. 부디 자기 탐색을 위한 다양한 경험이 시간 낭비라던가 밑 빠진 독에물 붓기라 생각하지 말고, 이런 작은 조각들이 쌓이고 모여 단단하게 빛나는 길잡이가 될 것이라는 믿음을 갖자.

주

1. Jessica Elliott, 나 자신을 알아가는 방법. URL: https://ko.wikihow. com/%EB%82%98-%EC%9E%90%EC%8B%A0%EC%9D%84-%EC%95%8C%EC%95%84%EA%B0%80%EB%8A%94-%EB%B0%A9%EB%B2%95#aiinfo
2. 네이버 카페 "모두가 초록에 진심". URL: https://cafe.naver.com/druidcafe
3. Guido,I, Donald,R, Bruce,S, (2001), Estimating the Effect of Unearned Income on Labor Earnings, Savings, and Consumption: Evidence from a Survey of Lottery Players, AMERICAN ECONOMIC REVIEW
4. John,H, Maggie,W. (2019), 일이란 무엇인가?, Deloitte Review 24호, 115-119
5. 바이두 백과사전 "躺平". (n.d). Baidu Baike. URL: https://baike.baidu.com/item/%E8%BA%BA%E5%B9%B3/24123069
6. 한국예탁결제원. (2021). 2020년 12월 결산 상장법인 개인소유자 보유금액 현황.
7. 최강록.(2023). 몸이 건강해야 뇌도 건강하다, 마이오카인. 정신의학신문. URL: https://www.psychiatricnews.net/news/articleView.html?idxno=34136
8. 한도령.(2014.).건강한 신체에 건전한 정신이 깃든다 – 플라톤과 아리스토텔레스를 중심으로 –. 한국웰니스학회지.
9. 윤삼호.(2023)."건강한 신체에 건강한 정신이 깃든다".URL:https://www.ablenews.co.kr/news/articleView.html?idxno=201562
10. 문화체육관광부,저출산고령사회위원회. (2023). 저출산 인식조사. URL: https://www.korea.kr/docViewer/skin/doc.html?fn=a77e9dfdff7dc973c8b71e31183f5c9b&rs=/docViewer/result/2023.11/28/a77e9dfdff7dc973c8b71e31183f5c9b
11. 석희열. (2023.12.19.).최근 6년간 학업중단 의대생 3745명... 서울대 의대도 96명 학업중단. 데일리중앙. URL:https://www.dailiang.co.kr/news/articleView.html?idxno=224231
12. 경기도교육연구원.(2021). 대입 N수생의 삶과 문화. (이슈 2021-05). URL: https://www.gie.re.kr/publication/stdreportDetail.do?id=141088871&su

bject=&research_classification=&srch_input=%EB%8C%80%EC%9E%85+N%EC%88%98%EC%83%9D%EC%9D%98+%EC%82%B6%EA%B3%BC+%EB%AC%B8%ED%99%94&scType=&scType2=mtab1&scType3=&currRow=1

13. 통계청. (2023). 2022 한국의 사회지표. URL: https://eiec.kdi.re.kr/policy/materialView.do?num=236647&topic=

14. 잡코리아-알바몬.(2023.10.20.). 직장인 78.0% '대학 전공 다시 선택할래!'... 인기 학과 1위 '공학계열'. 잡코리아. URL:https://www.jobkorea.co.kr/GoodJob/Tip/View?News_No=21827&schCtgr=0&Page=1

15. 잡코리아.(2022.04.07.). 대학생 10명 중 3명 복수전공… 취업에 도움 될 것 기대. 잡코리아. URL: https://www.jobkorea.co.kr/goodjob/Tip/View?News_No=19602&schCtgr=0&Page=1

16. 한국교육개발원. (2010). 한국 고교생의 대입준비과정의 특징과 과제. (OR2010-01-18). URL: http://kedi.re.kr/khome/main/research/selectPubForm.do?plNum0=7545

17. 김종혁.(2023.02.09.). 예스24, 코로나 시대 '관계' 고민에 따른 인간관계 · 대화 키워드 도서 상승세 분석. 매일일보. URL: https://www.m-i.kr/news/articleView.html?idxno=986207

18. 대학내일20대연구소. (2019.10.07.). 2000년생 대학 생활 탐구 보고서. (연구리포트2019-7). URL: https://www.20slab.org/archives/35903

19. 잡코리아. (2019.04.24.). 대학생 64.6% 취업진로에 불안 초조… '대2병'. URL: https://www.jobkorea.co.kr/goodjob/tip/view?News_No=15541&schCtgr=120001

20. 혹시 나도 대2병? 대 2병 자가진단테스트. (2019.04.13.). 매거진한경. URL: https://magazine.hankyung.com/job-joy/article/202102164461d

21. 고용노동부. (2023). 고용형태별근로실태조사. URL: https://www.index.go.kr/unity/potal/indicator/IndexInfo.do?clasCd=10&idxCd=F0102

22. 인크루트. (2023.03.31.). '민간기업의 블라인드 채용 도입'에 대해 인사담당자 찬반 의견 팽팽. URL: https://news.incruit.com/news/newsview.asp?newsno=435340

23. 한국고용정보원. (2016). 대학 전공계열별 인력수급 전망 2015-2025. (기본연구 2016-40). URL: https://www.keis.or.kr/user/extra/main/3874/publication/publicationList/jsp/LayOutPage.do?categoryIdx=131&pubIdx=3621&onlyList=N

24. 잡코리아. (2016.08.19.). 대학 4학년 47.5% "졸업 연기할 것", 이유

는?. URL: https://www.jobkorea.co.kr/goodjob/tip/view?News_No=10869&schCtgr=0&Page=1

25. 한국직업능력개발원. (2016). 한국의 청년 채용시장 I : 서류 전형 단계. URL: https://www.krivet.re.kr/ku/da/kuBDCVw.jsp?gn=G7-G720160022

26. 한국바른채용인증원. (2022). 2023 채용트렌드. URL: http://krrca.co.kr/?act=affiliates.page&pcode=sub3_1

27. 한국경영자총연맹. (2022). 청년 구직자 취업 인식조사 결과. URL: https://webzine.mynewsletter.co.kr/newsletter/kcplaa/202202-1/3.pdf

28. 보건복지부. (2022). 2021년 정신건강실태조사. URL: https://www.mohw.go.kr/board.es?mid=a10411010100&bid=0019&tag=&act=view&list_no=369858

29. 세계경제포럼. (2016). New Vision for Education: Fostering Social and Emotional Learning through Technology. URL: https://www3.weforum.org/docs/WEF_New_Vision_for_Education.pdf

30. 디아지오&대학내일20대연구소. (2019). 대학가 음주문화 10년 변천사.

31. 시사저널. (2022.10.06.). 숫자로 보는 '2022년 캠퍼스 성범죄' 실태. URL: http://www.sisajournal.com/news/articleView.html?idxno=247704#google_vignette

32. 알바천국. (2018.03.07.). 대학생 10명 중 절반 '선배 갑질'에 당한 적 있다. URL: https://www.alba.co.kr/story/brand/MediaReportView?idx=3296

33. [참고]이화여자대학교인권센터. (2019). 이화인권가이드북. URL: https://cms.ewha.ac.kr/user/eng/download/ewhaguide.pdf

34. 유승아. (2021.07.14.). 기획: 징병제를 둘러싼 남녀 갈등-군복무에 대한 적절한 보상과 인정의 부재가 만든 균열. 한국리서치. URL: https://hrcopinion.co.kr/archives/18805

35. 한국갤럽. (2011. 3.11.). 2011년 한국인과 군대문화. URL: https://www.gallup.co.kr/gallupdb/reportContent.asp?seqNo=242

36. [참고]병무청 병역진로설계 홈페이지 https://www.mma.go.kr/byjr/01/bYJRContents.do?mc=mma0002534

37. 대한상공회의소. (2022). 2022년 기업의 채용트렌드. URL: https://www.korcham.net/nCham/Service/Economy/appl/KcciReportDetail.asp?SEQ_NO_C010=20120934852&CHAM_CD=B001

38. 유기홍 의원. (2023). 대학생 삶의 비용에 관한 리포트 II-통계로 본 대학교육비. 2023 교육위원회 국정감사 자료집 4. URL: http://khei.re.kr/post/3033

39. 통계청. (2024.04.22.). 2022 「사회조사」 - 대학(원)생 등록금 마련 방법(대학(원)

생). URL: https://kosis.kr/statHtml/statHtml.do?orgId=101&tblId=DT_1SS
ED030R&conn_path=I2

40. 한국교육개발원. (2022). 교육통계분석자료집-고등교육통계편. (수탁통계자료 CSM 2022-07). p29.

41. 잡코리아-알바몬. (2018.01.08.). 알바생이 꼽은 알바로 얻은 것 1위 '경제 적 여유'... 잃은 것은?. URL: https://www.jobkorea.co.kr/goodjob/tip/view?News_No=13985&schCtgr=

42. 오상훈 외. (2023). Perfectionism, test anxiety, and neuroticism determines high academic performance: a cross-sectional study. BMC Psychology.

43. 한국교육개발원. (2023). 교육통계분석자료집-고등교육통계편. (수탁통계자료 CSM 2023-07).

44. 김영철. (2016). 행복은 성적 순이 아니잖아요?:'학력 (학벌)'의 비경제적 효과 추정. 경제학연구.

45. Daniel Kahneman 외. (2023.03.01.). Income and emotional well-being: A conflict resolved. PNAS. URL: https://www.pnas.org/doi/abs/10.1073/pnas.2208661120

46. John F 외. (2023). World Happiness Report 2023. SDSIN.

47. 김윤아. (2012). 한국 성인의 우울증상 경험(2012). 질병관리본부.

48. 홍강의, 정도언. (1982). '사회재적응 평가척도' 제작-방법론적 연구. 신경정신의학. URL: http://imgsvr.riss4u.net/contents/kdam/A/1045/8201/1045820115.pdf

49. URL: https://info.incruit.com/pr/likecompany.asp

50. 통계청. (2023). 2023년 사회조사 결과.

51. 대한상공회의소. (2023). 청년세대 직장 선호도조사.

52. 김주연. (2023.03.03.). 의대 정시로 몰리는 'N수생'…3년새 4수 이상 합격 2배 늘어. 청년의사.

53. 에듀윌. (2023.4.14.). MZ세대 10명 중 6명 취업N수 생각해.

54. 통계청. (2023). 2023년 사회조사 결과.

55. 통계청. (2023). 2021년 임금근로일자리 소득(보수) 결과. URL: https://kostat.go.kr/synap/skin/doc.html?fn=aa5f6edf1d153a286c7f22b6e359a2ace38 4a9e1fbed1aebe76cfb1e82cb4d72&rs=/synap/preview/board/11113/

56. 고용노동부. (2023). 2022 회계연도 기업체노동비용조사 결과.

57. 통계청. (2023). 2021년 일자리 이동 통계.

58. 중소벤처기업부. (2023). 2020년 중소기업 기본통계.

59. 대한상공회의소. (2023). 청년세대 직장 선호도조사.

60. 중소기업중앙회. (2022). MZ세대가 희망하는 중소기업 일자리 조건.

61. 인사혁신처. (2023.3.8.). 올해 국가공무원 9급 공채시험 경쟁률 22.8대1. URL: https://www.mpm.go.kr/mpm/comm/newsPress/newsPressRelease/?boardId=bbs_0000000000000029&mode=view&cntId=3586&category=&pageIdx=#

62. 통계청. (2023). 2023년 5월 경제활동인구조사 청년층 부가조사 결과. P19.

63. 잡코리아.(2023.01.10.) 공무원 인기 3년 전보다 8.5% 감소. URL: https://www.jobkorea.co.kr/GoodJob/Tip/View?News_No=20239

64. 현대경제연구소. (2017). 현안과 과제-공시의 경제적 영향 분석과 시사점. P6. URL: https://www.hri.co.kr/upload/board/201745181243%5B1%5D.pdf

64-1. 조동훈 외, (2010), An empirical analysis of the gender earnings gap between the public and private sectors in Korea: A comparative study with the US, Journal of the Japanese and International Economies

65. 인사혁신처. (2023.07.10.). 공무원 승진소요최저연수 5년 단축…임기제 공무원 연봉 상한 폐지. 대한민국정책브리핑. URL: https://www.korea.kr/news/policyNewsView.do?newsId=148917424

66. 최태우. (2022.05.16.) 中 창업 생태계, "실리콘밸리를 추격하는 중국 창업의 심장부, 베이징 중관춘". IT비즈뉴스. URL: https://www.itbiznews.com/news/articleView.html?idxno=72351

67. 대외경제정책연구원. (2019). 중국의 창업생태계 발전전략과 정책 시사점. P61.

68. 한국경영자총연맹. (2022). MZ세대 미취업 청년의 창업인식. URL: https://www.kefplaza.com/web/pages/gc38139a.do?bbsFlag=View&bbsId=0009&nttId=100

69. 전국경제인연합회. (2023). 자영업자 2023년 상반기 실적 및 하반기 전망 설문조사.

70. 스타트업얼라이언스. (2023). 스타트업 트렌드 리포트 2023. P47, P50. URL: https://www.datocms-assets.com/45669/1698881612-sa-start-up_trendreport-2023_ver3.pdf

71. 한국경제. (2006. 04.03) [기고]피터 드러커가 본 한국. URL: https://www.hankyung.com/article/2005111884381

72. 전국경제인연합회. (2021). 기업가정신 지수 국제비교. URL: https://www.fki-emuseum.or.kr/main/entrepreneurship/InternationalComparison.do

73. 정지은, 성수영. (2021.08.29.). 흔들리는 직장인…10명 중 7명 "이직·퇴사 고민". 한국경제. URL: https://www.hankyung.com/article/2021082965861

74. 보스턴컨설팅그룹(BCG). (2022). "긱이코노미 시대, 당신의 플랫폼은 준비됐

습니까?". P7. URL: https://bcgblog.kr/wp-content/uploads/2022/06/
FUTURE-OF-FINANCE-%EA%B8%88%EC%9C%B5%EC%9D%98-
%EB%AF%B8%EB%9E%98-2022.pdf

75. 잡코리아. (2020.09.18.). 2030 구직자 47.5% '긱잡' 긍정적!. URL: https://
www.jobkorea.co.kr/goodjob/tip/view?News_No=18276

76. 잡코리아. (2022.03.20.). N잡 준비하는 아이템 2위는 '유튜버'… 1위
는? URL: https://www.jobkorea.co.kr/goodjob/tip/View?News_
No=19583&schCtgr=0

77. 안진용. (2024.01.10.). 수입신고만 3만명 '1인 미디어' 시대… 상위 1%
는 年평균 7억 번다. 문화일보. URL: https://munhwa.com/news/view.
html?no=2024011001032212069002

78. 이동우. (2021.02.14.). 국민 529명당 1명이 유튜버…세계 1위 '유
튜브 공화국'. 머니투데이. URL: https://news.mt.co.kr/mtview.
php?no=2021021311274021985

79. 안진용. (2024.01.10.). 수입신고만 3만명 '1인 미디어' 시대… 상위 1%
는 年평균 7억 번다. 문화일보. URL: https://munhwa.com/news/view.
html?no=2024011001032212069002

80. IGM세계경영연구원. (2022). Gig하게 일하는 시대! 긱 이코노미 전망과 플랫폼.

81. 보스턴컨설팅그룹(BCG). (2022). "긱이코노미 시대, 당신의 플랫폼은 준비됐
습니까?". P7. URL: https://bcgblog.kr/wp-content/uploads/2022/06/
FUTURE-OF-FINANCE-%EA%B8%88%EC%9C%B5%EC%9D%98-
%EB%AF%B8%EB%9E%98-2022.pdf

82. 김봉환. (2019). 진로상담 이론과 실제. 학지사.

나를 발견하는 대학 생활

ⓒ 홍기훈·김도경, 2024

초판 1쇄 2024년 5월 27일 찍음
초판 1쇄 2024년 6월 10일 펴냄

지은이 | 홍기훈·김도경
그 림 | 김벼리
펴낸이 | 이태준

인쇄·제본 | 지경사문화

펴낸곳 | 북카라반
출판등록 | 제17-332호 2002년 10월 18일

주소 | (04037) 서울시 마포구 양화로7길 6-16 서교제일빌딩 3층
전화 | 02-486-0385
팩스 | 02-474-1413

ISBN 979-11-6005-138-4 03190
값 16,000원